¡NO DISPAREN!

Heroicos hechos de los más temerarios
corresponsales de guerra

Hugo Montero

¡NO DISPAREN!

Heroicos hechos de los más temerarios corresponsales de guerra

CONJURAS

 L.D. Books

¡No disparen!
© Hugo Montero, 2013

 **L.D. Books**

D. R. © Editorial Lectorum, S. A. de C. V., 2013
Batalla de Casa Blanca Manzana 147 A Lote 1621
Col. Leyes de Reforma, 3a. Sección
C. P. 09310, México, D. F.
Tel. 5581 3202
www.lectorum.com.mx
ventas@lectorum.com.mx

L. D. Books, Inc.
Miami, Florida
ldbooks@ldbooks.com

Primera edición: septiembre de 2013
ISBN: 978-1494939892

Colección **CONJURAS**

D. R. © Portada e interiores: Mariel Mambretti

Introducción

"Nuestras cifras, entre muertos, heridos y desaparecidos,
según pudo corroborarse a las 2 de la tarde de hoy,
son: entraron en combate seiscientos siete, volvieron del
combate ciento noventa y ocho; perdimos cuatrocientos nueve."
William Howard Russell, en su primer despacho de
guerra desde el frente de Crimea, 1854

La guerra dejó de ser asunto de los militares recién en 1854. Antes de ese año, las crónicas, los relatos y las memorias ligadas al mundo de la guerra pertenecían en exclusividad a los uniformados de todo el planeta, y ello, desde la antigüedad clásica. Por ejemplo, con *La anábasis*, de Jenofonte, o con *Historia de la guerra del Peloponeso*, de Tucídides, o en el detallado informe que Julio César presentó en Roma sobre las campañas que él mismo protagonizó durante siete años en *La guerra de las Galias*. El único modo de adentrarse en los laberintos de los episodios bélicos era, entonces, a través de la mirada de quienes protagonizaban aquellas gestas invisibles a los ojos del espectador común, que apenas si debía conformarse con partes oficiales que poco aportaban a la ignorancia general o bien a partir del relato de los sobrevivientes, que en escasas oportunidades trascendía más allá de su círculo de íntimos conocidos.

Muchos años después, todo cambiaría para siempre: serían civiles los responsables de informar el desarrollo de cada combate desde el lugar de los hechos, movidos por la curiosidad como principal herramienta y defendiendo una mirada del conflicto que intentaba, a cada momento, eludir la censura y evitar la propaganda.

Llegarían luego los tiempos de oro de los corresponsales de guerra, aquellos marcados por los relatos inolvidables de grandes como Ernest Hemingway, George Orwell o Ryszard Kapuscinski; pero antes de todos esos ilustres apellidos hubo un ignoto periodista irlandés que pagó un altísimo "derecho de piso" por asumir su papel como pionero de un oficio fascinante, peligroso y mítico.

Gran amigo del brandy y del tabaco, polemista y cuestionador de raza, famoso por sus excesos e incorrecciones políticas, la historia de William Howard Russell no parece ser la mejor carta de presentación para el oficio que marcaría la historia de las guerras de la era moderna. Sin embargo, de su carácter rebelde, extrovertido y contestatario emergió un estereotipo que sin duda, a lo largo de los años, caracterizaría a decenas de miles de periodistas deseosos de viajar al último lugar del mundo al que anhelaba visitar el resto de los mortales.

Reportero del prestigioso *The Times* londinense, Russell purgaba una condena tácita por su habitual comportamiento licencioso al ser derivado a la cobertura de los nunca demasiado apasionantes hechos del Parlamento. Las jornadas de trabajo terminaban frecuentemente en horas de la madrugada, por lo que el cronista irlandés debía recorrer unos tres kilómetros hasta la redacción para dar cuenta de los debates legislativos. Perdido en sus cavilaciones andaba Russell, cuando recibió una invitación del director del matutino más vendido del Reino: viajar a Crimea para cubrir *in situ* el glorioso avance de las tropas imperiales, durante la guerra contra el imperio zarista de Rusia.

Nunca antes un periodista civil había sido enviado a un frente de combate, pero en este caso, importantes intereses comerciales transformaban ese conflicto en un tema atractivo para los lectores. Y hacia la lejana Crimea viajó Russell, sin imaginar que esa odisea consumiría dos años de su vida, lo volvería en poco tiempo el hombre más odiado de Inglaterra y el cronista más leído de Occidente.

El 25 de octubre de 1854, Russell asistió desde una colina cercana a uno de los episodios más famosos de la guerra, la célebre carga de la Caballería Ligera sobre la plaza rusa de Balaclava. Sobre aquella maniobra anotó:

"A las 11, nuestra Brigada de Caballería Ligera se precipitó hacia el frente. A las 11:35 no quedaba un solo soldado británico, excepto los muertos y los moribundos, ante los sangrientos cañones moscovitas".

El lapidario informe de Russell no hacía otra cosa más que confirmar el desastre militar que conmovería a Londres poco tiempo después. Su tono cuestionador no habría de limitarse al detalle de los errores tácticos de oficiales incompetentes, sino que también pondría el acento en las pésimas condiciones médicas, alimentarias y de equipamiento que padecían sus compatriotas soldados en el frente de batalla:

"Éstas son verdades difíciles, pero el pueblo inglés debe escucharlas. Debe saber que el mendigo que se tambalea bajo la lluvia en las calles de Londres lleva la vida de un príncipe en comparación con la que llevan los soldados que luchan por su país".

Nada más ofensivo que la verdad desnuda. Nada más peligroso que la imagen fiel de un conflicto que basa, en muchos casos, gran parte de su éxito en la matanza de fuerzas propias y ajenas. La consecuencia natural ante semejantes revelaciones fue la iracunda reacción de los miembros del Parlamento, que votaron por unanimidad una moción de censura contra las presuntas mentiras del corresponsal en Crimea, para después exigir al Estado Mayor que prohibiera a cualquier soldado que le dirigiera la palabra a Russell o que le facilitara alimento.

Las represalias no terminaban allí: los propietarios de *The Times* exigieron al director que repatriara al irrespetuoso cronista, después de padecer el enojo de la mismísima reina Victoria I, lectora de sus crónicas, y atentos a la sugerencia del príncipe Alberto de Sajonia, quien sin tanto formalismo exigía lisa y llanamente el linchamiento del malogrado cronista porque: "La pluma y la tinta de un mezquino escritorzuelo están avergonzando al país". Pero ni la amenaza más intimidante logró detener la decisión de Russell, que siguió escribiendo párrafos como el que sigue:

"Cuando se hallaba a unos mil metros de distancia, toda la línea enemiga comenzó a vomitar, por treinta bocas de hierro, un torrente de fuego, de humo y de metralla en medio del cual silbaban los obuses mortales. Su alcance quedaba marcado por los vacíos producidos en nuestras filas, por los hombres y los caballos muertos, por corceles que se desbocaban heridos o sin jinete, a lo ancho de la llanura".

Finalmente, una comisión de notables terminó por viajar a la zona de conflicto y confirmar cada uno de los dichos de Russell sobre el pésimo estado general de las tropas británicas en el frente, y a sus enemigos no les quedó otro remedio que resignarse a leer cada día el nuevo parte del "Incendiario de Liverpool", como comenzaron a llamarlo desde entonces.

El resultado de su gestión informativa provocó la crisis del gobierno y la dimisión del Primer Ministro en enero de 1855, en un escándalo que tuvo un protagonista excluyente. A su regreso a Londres, el duque de Newcastle apartó a Russell un momento para decirle: "Fuiste tú quien hizo caer al gobierno". A Russell poco le importó la opinión de los nobles, ya que regresó de Crimea como un héroe, y celebró sus peripecias en el frente de batalla en cuanta taberna se cruzaba en sus interminables recorridas nocturnas. Se había ganado para siempre la amistad de los soldados, uno de los cuales lo definió con maestría:

"Un vulgar bajo irlandés, que canta lindas canciones, bebe el aguardiente de cada uno de nosotros y fuma tantos cigarros como un buen compañero".

El interés de Russell por ese tipo de coberturas lo llevaría, años más tarde, a pisar las trincheras de la guerra franco-prusiana, a visitar las barricadas durante la Comuna de París y a viajar al otro lado del mundo para seguir el detalle de la Guerra de Secesión en Estados Unidos.

Pero es cierto que el hecho relevante de su existencia fue inaugurar, con aquel polémico trabajo en el infierno de Crimea, un oficio extraordinario: el de corresponsal de guerra. A partir de su impronta, la historia se ha aferrado a las anotaciones y a las imágenes que algunos periodistas temerarios se han atrevido a tomar en el vórtice de un huracán que, en más de una ocasión, les arrebató hasta sus propias vidas, como botín por su extrema curiosidad y su sed de verdad.

Esta historia tiene apellidos famosos. Pero en el extenso inventario de cronistas, hubo y hay también otros nombres menos reconocidos, y algunos incluso olvidados. Sobre estos casos nos detendremos en las páginas que siguen. Apenas un puñado de historias de periodistas que, cansados de esperar la noticia sentados cómodamente en la redacción, tomaron sus cosas y salieron a buscarla al otro lado del mundo.

Capítulo 1

Ignacio Ezcurra
Morir en Saigón

"Todos los que estamos aquí sentimos que estamos corriendo ese riesgo. Y ése es un precio que tenemos que pagar por estar cubriendo la historia más grande y tal vez más triste de este momento.".

Ignacio Ezcurra, 7 de mayo de 1968

"**S**aigón, 8 de mayo. Correrá mucha sangre en mayo....".

Esa línea, breve inicio de un incompleto artículo apenas esbozado sobre una página en blanco, fue lo que encontró sobre la máquina de escribir de Ignacio Ezcurra un colega de la Agencia France-Presse, en la soledad de su habitación. La número 502 del hotel Eden Roc, en la calle Tu Do. Sobre la cama había papeles dispersos y apuntes desprolijos en letra manuscrita:

"Entrevistas. Visitas a Hue, al delta del Mekong. Saigón: la ciudad sitiada. Tal vez Khe San. El planteo para la paz. Quiénes están a favor y en contra. Los católicos. Los budistas. Las otras sectas. La gran masa indiferente. Notas circunstanciales: salida de patrulla. Creo que tengo que hacer: mayo con sangre, junio con paz....".

"Es la habitación de alguien que ha salido apresuradamente para volver enseguida", describía la periodista italiana Oriana Fallaci, quien viajó hasta Vietnam porque allí estaba la información. El que no estaba era Ignacio Ezcurra; no había regresado hacía ya un par de noches al hotel con el resto de los periodistas, y crecía la incertidumbre.

Lo habían visto por última vez dos días atrás, durante la mañana, cuando se subió al jeep con un par de periodistas estadounidenses, Raymond Coffey, del *Chicago Daily News*, y Merton Perry de *Newsweek*, para dar una vuelta por Saigón. En un momento, Ignacio pidió detener el jeep y se bajó en la intersección de las calles Mihn Phung y Luc Thin del barrio de Cholón, uno de los más peligrosos de la capital vietnamita.

A cinco cuadras de allí estaba el puente que conducía a la carretera 4 y más allá, al delta del río Mekong. "Quería echar una ojeada", explicaron después los enviados que viajaban con él.

Ignacio quedó allí, solo, y en el vehículo olvidó su chaleco antibalas y su casco, que llevaba estampada la palabra *PRESS*, casi un salvoconducto o, más bien, lo único que lo identificaba como periodista en aquel infierno ajeno.

Después, las sombras de la guerra lo devoraron.

Camino a la aventura

"Yo voy", afirmó, convencido como nunca antes lo había estado en sus pocos años como periodista. A su lado, el editor del diario lo miró escéptico, sin creerse demasiado las ansias de ese joven redactor que insistía con el tema y se ofrecía como voluntario para viajar a Vietnam en plena guerra. Varios intentaron convencerlo de cambiar de idea, pero con Ignacio no se pudo. Desde hacía tiempo la guerra lo había cautivado: leía, investigaba, y se preparaba para un viaje que se postergaba cada día. Incluso le confesó Ignacio a su madre:

"Quiero ir a Vietnam. Quiero ver qué pasa, porque ahí hay algo que no es lo que dicen. Quiero ir y traer la verdad".

Y de a poco, menos por aceptación de sus razones que por insistencia, le fue ganando la pulseada a editores, amigos y familiares, y armó la valija para partir rumbo a Saigón como enviado especial del diario argentino *La Nación*.

¿Quién era este Ignacio Ezcurra, descendiente en línea directa de notables hombres públicos de la historia de su país, como don Juan Manuel de Rosas y don Bartolomé Mitre, quinto hijo de una familia de doce hermanos, nacido y crecido en San Isidro, que ahora festejaba en silencio la decisión de viajar a la boca del lobo?

¿Era el mismo Ezcurra que había ingresado a la redacción del prestigioso diario apenas seis años atrás, a los veintidós años de edad, en la no muy auspiciosa sección de avisos clasificados?

¿Era aquel que gustaba de trabajar descalzo en las noches frente a su máquina de escribir? ¿El que estallaba en un aplauso y una risotada cuando capturaba ese adjetivo que encajaba justo en el párrafo final de su nota?

¿Era ése el Ezcurra aventurero, alto y flaco, aquel que viajó a Brasil y Perú en moto, el mismo que atravesó "a dedo" con un par de amigos medio continente americano hasta llegar a Estados Unidos, ocho meses después de su partida?

¿Era el mismo joven que de vez en cuando despuntaba su pasión por la fotografía, que se había casado, un par de años antes de su viaje a Vietnam, con Inés Lynch y ya había sumado a su familia a una niña de ahora casi un año y otro que venía en camino?

Sí, era el mismo Ezcurra, ese que una tarde, en la turbia calma de la redacción, se impuso con la autoridad de sus ganas y se ganó la autorización de procurarse la visa para emprender la aventura.

Mochilero por el continente

Hubo hitos anteriores, señales de lo que habría de venir.

"Hoy estamos perdiendo dos guerras, la doméstica, y esa otra desgraciada, injusta, trágica y sin sentido de Vietnam. Yo seguiré luchando, creo que el problema racial puede ser resuelto. Tenemos los recursos necesarios. Hasta pronto, lo vuelvo a ver en Buenos Aires... Es la capital, ¿no?".

Quien dudaba ante el grabador del cronista era Martin Luther King, el gran referente de la lucha por la igualdad de derechos de los negros en Estados Unidos. Pero se equivocaba el gran activista, y lo hacía por triplicado. Ni el problema racial podría ser resuelto en su país, ni viajaría a la lejana Buenos Aires jamás, ni volvería a ver a ese periodista que se cruzó en su camino en Washington para arrancarle un puñado de definiciones en 1967. Como curioso capricho del destino, Luther King sería asesinado el 4 de abril de 1968. Su entrevistador, Ignacio Ezcurra, correría igual suerte apenas un mes más tarde.

La investigación de Ezcurra en Estados Unidos sobre las distintas vertientes de la resistencia negra marcó el punto más alto de su breve carrera como irregular cronista de viajes. Había narrado el germen del odio creciente contra los blancos en las calles de Harlem y en los guetos de Detroit y Washington, escapando por poco de las miradas iracundas que advertían su color de piel como una provocación intolerable.

Ahora quería, necesitaba, aferrarse a un desafío, lanzarse a una aventura en serio. Como aquella que no pudo ser, cuando las miradas de toda la prensa se posaron sobre la selva boliviana porque allí, se decía, estaba oculto Ernesto "Che" Guevara.

Ignacio, de hecho, había conocido al "Che" (o, mejor dicho, a Ernesto Guevara de la Serna) durante su infancia en Alta Gracia, Córdoba. Entonces, en la casa de enfrente a la de los Ezcurra vivían los Guevara, y la relación había sido muy cordial. Una tía de Ignacio, incluso, se había casado con Jorge de la Serna, hermano de la madre de Ernesto. Ya en 1966, Ignacio pretendía viajar hasta Bolivia para rastrear las huellas de su antiguo vecino, como para responder, acaso, a las bromas que le jugaban otros redactores por su relación con el guerrillero:

—Ignacio, ¿dónde está tu primo, el Che Guevara? —le preguntó jocoso un día el secretario de redacción.

La respuesta de Ezcurra borró la sonrisa en la cara de su jefe.

—Si yo tuviera doscientos periodistas a mi cargo, no haría esa pregunta.

Lo cierto es que Ignacio se quedó con las ganas de viajar y tuvo que conformarse con escribir una breve semblanza sobre la muerte del Che, tiempo más tarde.

"Mocasines, medias verdes. Argentino. Quién lo duda. 'Blanco y delgado como un Cristo', escribió un admirado corresponsal norteamericano, y el cable golpeó el corazón de cientos de miles de jóvenes que se debaten en busca de un ideal y que ya habían atribuido al Che contornos místicos. [...] Estaba muerto; y no su revolución, sino su aventura fue para muchos un motivo de envidia, a pesar de que estaba en una losa, rociado de balas".

Lejos del laberinto boliviano, más lejos aun de la información directa, Ignacio se juró entonces no dejar pasar otra oportunidad para lanzarse a la travesía allí donde pudiera. Vietnam surgió entonces como un estigma, como el faro aventurero en medio del aburrimiento que ya era parte de la redacción, en la rutina de todos los días. "Yo voy", se juró, entonces.

Bienvenido a la jungla

"Vengo a encargarte que cuides a mi familia", le pidió, medio en broma y medio en serio, a un amigo a poco de subirse al avión. "Me voy y no sé si vuelvo", insistía cada tanto. En Buenos Aires, Ignacio tenía la mirada perdida; ya pensaba en Vietnam y en atestiguar la guerra como único anhelo. La ansiedad lo mataba. Se cansó de escuchar consejos y recomendaciones entre sus conocidos, pero ya, la verdad, no escuchaba. Sus oídos estaban secretamente entrenados para el tableteo de las ametralladoras y el bullicio insoportable de los helicópteros. Atrás lo dejaría todo, pero ya no importaba. Adelante tenía la aventura, su desafío, la gran oportunidad, lo que tanto había esperado.

Según recuerda su esposa, Inés Lynch:

"Ignacio era una persona que sabía bastante lo que quería y, cuando tenía ganas de hacer algo, era muy difícil convencerlo de lo contrario. Yo no quería que viajara a la guerra, evidentemente, pero tampoco lo iba a poner entre la espada y la pared, porque era lo que quería hacer: quería mostrar la realidad y verla personalmente. Se lo puso en la cabeza: era el desafío de su vida. Yo intenté por todos los medios que cambiara de opinión, pero mucho caso no me hizo".

En abril de 1968, parte rumbo a París para acelerar los trámites de la visa. Ya está en camino. El 24 de ese mes, el avión que transporta a Ignacio y a tantos soldados estadounidenses rumbo al frente avista el aeropuerto de Saigón. Asomado contra la ventanilla del avión, Ignacio no pierde detalle. La aventura comienza. Y escribe:

"De pronto el avión inclina la nariz e inicia un vertiginoso descenso en busca del aeropuerto. Ya volamos sobre Saigón. Rodean la ciudad fuertes de forma triangular, y se ven muchas casas quemadas recientemente. Pocos minutos después correteamos por el aeropuerto de Tan-Son-Nhut. Como también es base aérea militar está rodeada de barricadas de arena, alambradas de púas y erizada de ametralladoras. Nuestro avión rueda entre filas de cazas a reacción, resguardado cada uno dentro un cerco contra bombas, y cantidad de helicópteros. En la escalerilla nos detiene la explosión próxima de un cañón. La azafata, siempre sonriente, explica: 'No se preocupe, es la guerra'".

Ahí estaba Saigón, la capital de la información mundial.

Hacía tres meses que las fuerzas rebeldes de los vietnamitas del norte, al mando del líder comunista Ho Chi Minh, habían lanzado su contraataque contra los marines de Estados Unidos, como respuesta a la invasión por tierra, aire y mar que ordenara el gobierno de Lyndon Johnson.

Allí estaba Ignacio, estirando sus piernas en la pista de aterrizaje, devorándose el horizonte repleto de aviones y helicópteros llegando y saliendo del lugar, nublando el cielo casi con sus vuelos rasantes. A metros de allí, apenas, la guerra. Y claro, Ignacio no había viajado hasta ese lugar para seguir las alternativas del conflicto desde la habitación de su hotel. Había que salir a las calles a buscar la información, había que aprovechar cada oportunidad que se le presentaba para visitar los frentes de combate y dejar registro de todo lo que allí acontecía. La guerra era, entonces, un monstruo de cien tentáculos que le permitía explotar al máximo su curiosidad de cronista.

Sin la tecnología con la que hoy cuentan los corresponsales de guerra, el material que enviaba Ezcurra desde el frente de combate llegaría varios días después a la redacción de *La Nación*. Ignacio utilizaba las oficinas de Associated Press (AP) como base operativa para enviar desde allí sus informes vía Nueva York, hacia Buenos Aires. De hecho, la primera de sus crónicas se publicaría en *La Nación* recién el 8 de mayo, el mismo día de su desaparición, y el resto de las notas ocuparían la tapa del matutino en los tres días subsiguientes.

Ese fatídico 8 de mayo, *La Nación* eligió para su portada el título "Encarnizada lucha se libró ayer en Saigón". Más abajo, venía el artículo de su corresponsal:

"Columnas de humo negro se levantan en el camino de Cholón, en el sector Sur, mientras se escuchan incesantes las ametralladoras y el cañoneo. La visión del lugar es horrible. Mientras llegan camiones y jeeps cargados con tropas, se les cruzan camionetas con la cruz roja y su carga macabra. Ya se calculan más de mil los civiles muertos y heridos. [...] Todo el día de ayer fue un continuo fluir de despavoridos refugiados que cargando ropas y animales en canastas, bicicletas o motocicletas, vinieron hasta el centro. Luego, las familias permanecían amontonadas y en cuclillas en veredas y plazas mirando al Sur la columna negra que consumía sus casas".

El corresponsal se detenía en testificar la pequeña historia en medio del horror decretado desde lejanas metrópolis, y daba cuenta del destino de todos aquellos seres, cargasen armas o no:

"A los primeros disparos aleteaban sobre el lugar los helicópteros y rociaban las casillas con metralla y cohetes. El Vietcong, con decisión suicida, contestaba el fuego. Y entonces, previo un aviso por altavoces, al que algunos civiles pudieron hacer caso y otros no, los aviones descargaban las bombas napalm. Cientos de casas de los barrios pegados al río y el aeropuerto desaparecieron. En las callejuelas que serpentean por ellos, están los cadáveres de combatientes, de civiles y de animales".

Un fantasma inapresable

El Vietcong era la pesadilla cotidiana para el ejército invasor. Su velocidad de acción, el conocimiento del terreno, la inteligencia de sus jefes, el orden y la disciplina con la que se manejaban y la justeza de su táctica guerrillera fueron minando la confianza de las tropas que llegaban del otro lado del mundo, y que pretendían imponer la fortaleza de su mayor armamento.

Según Ignacio:

"Su decisión y bravura sorprende a los norteamericanos. 'Yo sé que ellos nunca podrán tomar la ciudad', me dijo un agotado teniente coronel que comandaba operaciones en Cholón. 'Pero también entiendo que en su terreno nos será muy difícil derrotarlos'".

Un par de días más tarde, Ezcurra se sumaba a las tropas estadounidenses en sus incursiones por el valle de A Shau, y dejaba registro del respeto que generaban en las fuerzas enemigas el arrojo y la decisión de los vietnamitas:

"Habíamos recorrido un 'click' –mil metros–, cuando comenzaron a silbar las balas y desde un bunker se escuchó el ladrido seco del AK-47, el fusil automático chino. Al tercer intento los alcanzaron con una bazuka. Eran dos norvietnamitas. Vestían buenos uniformes, pero como calzados llevaban ojotas de cubiertas de camión [...] 'Pobres, con esos elementos no sé cómo pelean', los compadeció un soldado [...] Hubo sonrisas y un suspiro de alivio. Al volver se escuchaban los pájaros. El teniente David Mace especuló: 'Los *gooks* (norvietnamitas) son estúpidos. Saben que van a morir, e igual nos atacan'. 'No sé si serán estúpidos, pero sí que pelean como lobos. Si los soldados del ejército survietnamitas pusieran el mismo entusiasmo, en una semana ganamos la guerra', reflexionó un sargento".

A bordo de un helicóptero, Ignacio sobrevolaba la selva y podía alimentar su curiosidad y ansias de testimonio con imágenes terribles. Era la guerra en toda su magnitud.

"Ya volábamos sobre el Valle y entre las nubes se veía el camino rojo construido por los norvietnamitas, que se había convertido en la principal ruta de infiltración desde la senda Ho Chi Minh hacia las ciudades del norte de Vietnam del Sur. [Volábamos] Bruscamente, y zumbando a toda velocidad, rozando la copa de arbustos y cerros. 'A esta altura les resulta más difícil acertarnos', murmuró un soldado, que rezaba con los ojos entrecerrados, mientras los dos artilleros ametrallaban los bultos sospechosos sin dejar de mascar chicle, cosa que parecían hacer al compás. Manchas negras, de las que sobresalía la cruz de las paletas, marcaban el lugar donde había caído y se había incendiado un helicóptero".

Cada día que pasaba era un pequeño triunfo para el Vietcong. Y cada día que pasaba crecían en Estados Unidos el malestar y las dudas por aquella guerra en un remoto punto del planeta, desde donde ya no llegaban noticias de grandes victorias militares, sino imágenes de cientos de bolsas negras con cuerpos de soldados estadounidenses, deslizándose a través de largas cintas transportadoras, al regreso de los aviones militares provenientes de Saigón.

¿Dónde está Ezcurra?

"Había guerra en Vietnam y, si uno es periodista, más tarde o más temprano acaba yéndose allí". La definición pertenece a la italiana Oriana Fallaci, enviada especial de *L'Europeo* de Milán, y cronista de lujo en aquellos primeros días de mayo, cuando el asesinato de cuatro periodistas en una emboscada en Cholón conmovió a todos los medios occidentales.

Ignacio, por su parte, intentó no perder nunca la objetividad con la que relataba el conflicto, más allá de que por cuestiones operativas lógicas (conocimiento del idioma, alineación con el resto de la prensa internacional, etc.) sólo tenía acceso a las fuentes de los estadounidenses.

Según comentaba el 7 de mayo desde Saigón, por televisión para *La voz de América*, un día antes de su desaparición:

"Siento mucho la muerte de los colegas que fueron asesinados días atrás por el Vietcong. Estaban desarmados y tuvieron tiempo de decir que eran periodistas. Fue una crueldad inútil eliminarlos. Por otra parte, entiendo que el periodismo ha sido sumamente imparcial con el Vietcong. También entiendo que todos los que estamos aquí sentimos que estamos corriendo ese riesgo. Y ése es un precio que tenemos que pagar por estar cubriendo la historia más grande y tal vez la más triste de este momento".

El antecedente del asesinato de los periodistas por parte de guerrilleros vietnamitas (hipótesis desmentida por Radio Hanoi un día después y denunciada como una provocación de "los lacayos de los norteamericanos") terminaría por resultar decisivo para las primeras especulaciones en torno de la desaparición de Ignacio en Cholón. Desde aquellas primeras horas no se dudó: a Ignacio Ezcurra lo había matado el Vietcong.

Horas antes de su desaparición, Fallaci y Ezcurra se habían encontrado en los pasillos del hotel para compartir algunos comentarios sobre la emboscada. Luego anotó Oriana en su diario de corresponsal:

"Me he encontrado con un muchacho triste y amable a quien vi hace algunos años en Buenos Aires. Se llama Ignacio Ezcurra, y está aquí por *La Nación*. Uno de estos días quiero ir a comer con él para preguntarle qué piensa del asesinato de los periodistas. ¿O quizás esta noche?".

El siguiente comentario en el diario de Fallaci sería más concluyente, y acerca de la suerte del propio Ezcurra.

Un cadáver en Cholón

Los textos de Ignacio tenían la cualidad de un retrato a la acuarela tomado de manera casi instantánea, pero donde de los pequeños detalles enfocados se podía inferir la tragedia general:

"Difícil dar un paso sin pisar un trozo de hierro de las grandes bombas o de los recipientes de napalm. Desde más allá de la zona muerta se oían gritos de pájaros y monos. Desnudos hasta la cintura, los soldados cavaban trincheras para pasar la noche y luego las cubrían con maderas y bolsas llenas de tierra. [...] Con árboles en el borde de la montaña y plantíos de maíz, mandioca y bananas en la vega, haciendo abstracción de ruidos, el valle recortaba un paisaje idílico. 'Creo que una vez que termine la guerra vendré a pasar unas vacaciones aquí', prometió el teniente Fred Steinberg. Y el jefe de la compañía, Michael Sprayberry, me propuso: 'Mañana vamos hacia Laos. Hoy perdimos cuatro hombres y hubo doce heridos. ¿Nos acompaña?'. Acepté, era un desafío".

La ofensiva estadounidense se expandía contra los focos comunistas en las fronteras de Laos y Camboya, y hacia allí partió, decidido como siempre, Ignacio. No estaba dispuesto a perder el tiempo con conversaciones en el café del hotel. Había viajado tan lejos para no perderse nada de la guerra.

Por lo menos, hasta ese fatídico mediodía del 8 de mayo de 1968, con él bajando del jeep que compartía con otros dos corresponsales, en el barrio chino de Cholón, saludando con la mano y con su sonrisa amigable de despedida. Sólo que, esta vez, para siempre.

Ignacio bajó en ese barrio para "echar una ojeada", según explicaron más tarde sus colegas. Surge entonces la primera de las tantas preguntas que dejó pendientes su desaparición.

¿Por qué decidió ir a pie, y hacia dónde fue entonces? ¿Tenía un encuentro pautado, un contacto que no quería compartir? ¿Lo esperaban a esa hora, en ese lugar? ¿Quién, quiénes? ¿Iba a aventurarse solo por una zona que no conocía, sin la protección siquiera de su casco de prensa, si no tenía un encuentro previsto?

Ray Coffey aseguró:

"Era una locura y tratamos de disuadirlo, pero él insistió en hacerlo. Fue la última vez que lo vimos".

Por su parte, Merton Perry explicó después:

"Habíamos estado ahí dos veces por la mañana. Cuando nos detuvimos, Ezcurra habló en francés a algunos civiles y soldados. Después recorrimos la zona. Cuando regresamos por tercera vez al cruce, Ezcurra dijo que quería quedarse a hablar de nuevo con la gente. Había algunos soldados survietnamitas y todo estaba tranquilo. Hubo algún tiroteo antes, pero fue ligero. Ezcurra dijo que quería salir del coche. No señaló cómo regresaría al hotel".

Y según la definición del periodista francés François Pelou:

"Su iniciativa pareció temeraria a dos veteranos de este conflicto. En pocos minutos, en los combates callejeros, la situación más calma se transforma en una situación desesperada. Pero en Cholón, el silencio de las calles y de las innumerables callejuelas desde donde nos miran en todo momento, es peor para los corresponsales que el fragor de la batalla".

Ezcurra no llevaba mapa de Saigón ni su grabadora, pero sí su cámara de fotos 35 milímetros. Había pasado catorce días en Vietnam cuando se bajó del jeep y fue caminando rumbo al final de su historia.

Oriana Fallaci, sumando más y más preguntas cuando la incertidumbre cubría de gris al resto de los corresponsales en el hotel, anotó:

"Estamos preocupados por Ignacio Ezcurra. Ayer por la mañana se fue en busca de noticias con dos corresponsales de *AP* y uno de *Newsweek*. En Cholón, cerca del lugar donde mataron a Piggott y sus compañeros, dijo de bajarse para echar una ojeada. Bajó del coche, echó a andar y por la tarde aún no había regresado al hotel. Tampoco regresó por la noche, y tenía una cita para la cena. ¿Lo habrán hecho prisionero? ¿Anda en pos de una noticia especial? ¿Se ha ido hacia el norte? Todos dicen que no; acababa de regresar del norte precisamente. ¿Y qué noticias quiere saber después del toque de queda? Por lo demás, es un hombre demasiado educado para olvidar una invitación a cenar. Tememos que haya sido hecho prisionero. O bien... no quiero pensar en esto".

Dos días más tarde llegó la tan temida confirmación.

Un fotógrafo japonés que trabajaba *freelance* en la zona vendió varios rollos de fotos a AP. En una de aquellas imágenes, la más devastadora de todas, se veía el cadáver de alguien con las señas particulares de Ezcurra. El 14 de mayo, *La Nación* publicaba la radiofoto de AP.

"Lo han matado. Esta mañana un fotógrafo japonés ha vendido a AP un rollo de fotografías hechas en Cholón, y en una fotografía se ve el cadáver de un blanco. En la foto yace tendido sobre una acera, junto al cadáver de un vietnamita. Lleva pantalones grises sujetos por un cinturón claro, camisa blanca de mangas largas y calza zapatos. Tiene los brazos atados a la espalda, se ve la cuerda a la altura del codo. El cuerpo está destrozado por una ráfaga vertical al estómago y al vientre, su rostro es irreconocible: hinchado, traspasado por las balas, cubierto de sangre. La nariz, por ejemplo, se ha vuelto aquilina, y las mejillas parecen llenas".

Así escribía, repleta de dolor, Oriana Fallaci. Y agregaba:

"Han hecho una ampliación, y las mejillas son las de Ezcurra, los cabellos son los de Ezcurra y la frente es la de Ezcurra. También le dispararon en la nuca y por esto la cara está hacia delante. Un asesinato en frío".

El cuerpo de Ignacio jamás fue encontrado. Debido a las altas temperaturas, los cuerpos eran rápidamente sacados de la calle y enviados a fosas comunes para evitar epidemias sanitarias. En la fotografía sólo se veía la vidriera de un comercio, de los tantos que llenan las veredas de Cholón. El fotógrafo japonés tampoco pudo ser contactado; viajó a Tokio luego de entregar las fotos a AP y nadie pudo localizarlo.

"Fue el Vietcong", dijeron todos entonces, casi unánimemente. Después de todo, en la guerra, lo más fácil es buscar siempre respuestas rápidas, convincentes, para evitar preguntas incómodas.

"Lo mató la CIA"

Días después de la desaparición de Ignacio, el diario para el que trabajaba dio por buenas las versiones que responsabilizaban a los vietnamitas por el asesinato de su corresponsal de guerra. Desde entonces, cada semblanza, cada artículo, cada comentario sobre la memoria y el trabajo de Ezcurra en el matutino serían acompañados por el estigma del Vietcong como el autor material de su muerte. También en la contratapa del libro recopilatorio *Hasta Vietnam*, se repite la acusación. Para su familia, en cambio, el final de sus días tiene otra interpretación. Comenta Inés Lynch:

"Nunca existió la decisión de buscar su cuerpo, pero si me lo hubieran propuesto, yo no habría aceptado. Nunca tuve ningún interés en ello. Para mí lo importante era que se había muerto y yo tenía que lidiar con lo que quedaba. Además, siempre pensé que el culpable era la guerra, tampoco me interesó si el responsable estaba de un lado o del otro. No me interesa quién lo mató ni de dónde salió la bala. Es algo personal, porque para mí lo mató la guerra. Yo estoy en paz con el tema, no tengo nada que reclamar ni que cuestionar".

A su vez, la madre de Ignacio, Delfina Caprile de Ezcurra, en una extensa entrevista que le realizó el periodista argentino Nicolás Doljanin, publicada en la revista *Raíces* de El Salvador, en septiembre de 2006, reconoció:

"Soy una mujer que ya ha visto la vida de tres siglos, porque he nacido en 1909. No quiero ofender a nadie, y a pesar de que soy de la familia de *La Nación*, me doy cuenta que *La Nación* se muere antes de decir que a Ignacio, mi hijo, lo mataron los americanos [...] Los quiero mucho: a los actuales presidentes, los Saguier, los conozco desde chicos; pero es así".

Allí la madre confirmaba contar con indicios para desmentir la autoría del Vietcong y para adjudicársela a los estadounidenses:

"El Vietcong no mata así. Y eso lo dicen algunos que saben más que yo".

La madre de Ignacio comentó, en la citada entrevista, los rumores primero y las certezas después que le fueron transmitiendo diversas fuentes sobre el asesinato en manos de la CIA:

"Todo aquello se daría vuelta con el llamado de una persona, era una voz de hombre, quien se presenta de este modo: 'Chiquita, soy una persona que ha sido muy amigo de su hijo Ignacio'. Me explicó que no vivía en la Argentina y que había mandado a pedir por Ignacio una misa, esa misma tarde, en la iglesia de la calle Charcas. Y me invitó para que lo acompañara. Quizás lo cuente como si fuese un cuento de hadas porque no sabía cómo se llamaba aquel señor; me ubiqué de manera de ver a alguien que llamara la atención, o que me estuviera buscando. Y en un momento dado, cerca de la hora, veo un hombre bien vestido, con aspecto de no ser del barrio, que iba entrando a la iglesia y luego se dirigió hacia un confesionario, le abren el confesionario y está un buen rato; se retira y se va hacia el público. A la salida, me demoré para ser de las últimas y este señor estaba parado en la puerta: esperándome. Se acercó y me dijo: 'Gracias por venir'. Los dos vamos hacia afuera y dice todo lo demás: 'Yo tengo una sola pregunta que hacerle, señora: ¿usted sabe quién mató a Ignacio?', y ahora ustedes pueden creerme o no, esto fue lo que respondí: 'Sí. Lo mató la CIA'. Y si me preguntan por qué se lo dije, no sé. 'Ah, ya sabe, gracias; yo no me podía volver a Vietnam sin que usted estuviera enterada'".

Nada, absolutamente nada de esto fue publicado jamás en *La Nación*. Ni una línea. Ni una palabra. Ni una alusión. ¿Por qué?

¿Por la "incorrección política" que significaría adjudicarle a Estados Unidos el fusilamiento de su propio enviado especial en 1968?

¿Por la inconveniencia de semejante acusación para un diario acostumbrado a mantener una relación más que cordial con la embajada del país del Norte?

¡Quién sabe! Lo concreto es que se impuso el silencio sobre el tema, un silencio que genera y multiplica las preguntas. Si la familia de Ezcurra recibió información confiable sobre la autoría de su asesinato, ¿*La Nación* no? ¿Suena creíble que uno de los diarios más importantes de Argentina nunca haya recibido comentario, testimonio, rumor, confirmación o mínima certeza sobre este tema en casi cuarenta años?

¿Por qué nunca se habló de los asesinos en las notas posteriores publicadas sobre Ignacio, incluso una de ellas enviada desde Vietnam "tras los pasos" del corresponsal?

¿Por qué el diario jamás se preocupó por confirmar o refutar las acusaciones contra el Vietcong, si tampoco cuenta con pruebas fehacientes de su responsabilidad?

¿Puede ser más fuerte la hipocresía que las ganas de buscar la verdad en el caso del asesinato de un periodista, de un hombre del riñón del diario de la familia Mitre, que descendía incluso de su fundador?

¿Será posible que se haya ocultado información? ¿Será posible tanto ocultamiento o, en todo caso, tanto silencio?

La verdad espera

"Yo voy", había afirmado Ignacio una tarde, convencido. Quería buscar la verdad detrás de tanta propaganda en una guerra muy lejana. Se subió a la tarea en pleno vuelo y se acercó tanto como pudo a la línea de fuego. Pagó un alto precio por su osadía, pero la pasión lo desbordaba. Estaba en el corazón de la lucha, en un momento en que los ojos del mundo miraban hacia Vietnam. Y ese mundo tenía derecho a la porción de verdad que él pudiera aportarle.

Y ahí estaba, con su cámara de fotos y su libreta de apuntes. Flaco y alto, mirada burlona.

Así lo recuerda su esposa:

"Una persona alegre, animada y muy interesada en todo. Con él me divertí muchísimo y aprendí un montón a mirar y a escuchar. Empezamos a salir muy jóvenes, así que nos formamos juntos hasta ese momento, por lo menos. Muchas de esas cosas que vivimos traté de pasárselas a mis hijos y creo que las han absorbido bastante, a pesar de no conocerlo. Ignacio es una persona presente en la familia".

Por su parte, su madre elige para recordarlo una imagen de esa guerra, la última foto que Ignacio supo rescatar de ese infierno en Saigón:

"Tengo una foto de Ignacio en mi cuarto. Es la última foto hallada en el rollo de la cámara de mi hijo y que luego amplié y enmarqué. Es la foto que mi hijo tomó a tres niñas vietnamitas, sorprendidas en una calle de Saigón, y yo siempre le echo una miradita a una de ellas en particular: la niña que, en el primer plano, le sonríe. Es algo muy íntimo lo que cuento, pero... ¿saben ustedes una cosa? En las pupilas de esa niña, está vivo Ignacio. Porque a veces siento que, después de tanta leyenda y después de todo este silencio, sus restos mortales ya le pertenecen más al pueblo de Vietnam".

Por entonces, Ignacio andaba perdido en el laberinto gris de las trincheras, rodeado de explosiones y zumbidos de helicópteros rasantes. Lejos, en la selva, con las columnas de humo marcando la zona de impacto. En la penumbra de las trincheras compartía el miedo con los soldados estadounidenses. Invisibles, feroces, audaces, los vietnamitas iban ganando, día por día, la batalla.

Apenas catorce días estuvo en Vietnam. Se iba a quedar un mes. Apenas un puñado de artículos envió hacia Buenos Aires, pero en ellos consiguió sintetizar con destreza los principales rasgos de ese monstruo llamado *guerra*, que azotaba a un pueblo devastado.

El trabajo de Ezcurra fue el de un hombre apasionado. Por eso no merece este silencio cruel, absurdo, sobre su final. No merece Ignacio, siquiera, a sus patrones ("Qué buen vasallo sería, si tuviera buen señor", como el Cid), si es verdad que ocultaron información sobre los autores de su asesinato, porque jamás la publicaron y dejaron que el resto del mundo creyera que otros lo mataron. No merece, tampoco, a un país que parece acostumbrado a barrer debajo de la alfombra todo aquello que pueda llegar a incomodar a los poderosos de turno.

Ignacio viajó a Vietnam decidido a buscar la verdad. Pero la verdad lo sigue esperando desde hace casi cuarenta años.

Capítulo 2
ERNIE PYLE
SOLDADOS DE LA ESCARCHA

Parece dormido en la imagen. Como si el sueño lo hubiera sorprendido sobre la pradera, las manos cruzadas por adelante, la cabeza un poco ladeada, los anteojos acomodados en su sitio, el casco de campaña en la cabeza, las piernas juntas. Si no fuera por el hilo de sangre que apenas se vislumbra en sus labios, cualquier observador despistado podría presumir que se quedó dormido esa tarde. Pero no; la bala de un francotirador japonés lo alcanzó este 18 de abril de 1945, en la pequeña isla japonesa de Ie Shima, cerca de Okinawa, a orillas del Pacífico. ¿Quién será este hombre muerto, uno más entre tantos arrojados al mismo destino de blanco móvil entre una lluvia de proyectiles?

Ernest Taylor Pyle tenía cuarenta y cuatro años de edad cuando desembarcó junto a la 77ª división de infantería del Ejército estadounidense, unidad que trataba de romper la tenaz resistencia nipona. Tenía una misión y un oficio: registrar el detalle de esa ofensiva que terminaría por inclinar definitivamente la balanza de una guerra absurda e interminable, a sus ojos de corresponsal. Poco antes de la bala que terminó con todo, Ernest se trasladaba en un jeep junto a un coronel, rumbo al frente. Había anotado días antes:

"No creo que pudiéramos continuar la guerra sin el jeep. Lo hace todo. Va a todas partes. Es fiel como un perro, duro como una mula y ágil como una cabra".

Y mientras iban a bordo de ese moderno corcel de guerra, los sorprendió una casamata perfectamente camuflada a la vera del camino. Los disparos obligaron a los dos viajeros a saltar del vehículo y a refugiarse en una zanja cercana. Cuando Pyle asomó la cabeza para ver por dónde llegaban los disparos, una bala con su nombre lo alcanzó justo por debajo del reborde del casco. Su colega James Tobin precisó la secuencia de aquel final, y la ya descrita figura de Pyle tumbado en el campo de batalla, como si se hubiera dejado ganar por el sueño:

"El cuerpo yació solo durante un largo tiempo en una zanja situada al borde del camino. Los hombres esperaban a una distancia segura, buscando una oportunidad para retirarlo, pero el servidor de la ametralladora, todavía oculto, batía el área cada vez que alguien se movía".

Para entonces ya se sentía viejo Pyle, y cansado de tanta guerra. Pero sabía muy bien que todo aquel infierno de tableteos de ametralladora, de barro y hambre en las trincheras, de bombardeos que hacían temblar a los más valientes, de historias mínimas narradas en voz baja por jóvenes soldados ("Esos chicos sin los cuales las guerras no pueden ser ganadas", simplificaba), era todo el alimento que precisaba para sentirse vivo en ese momento.

Ahí están las numerosas fotos de Pyle en Ie Shima para dar cuenta de su oficio incansable: en una, aparece rodeado de soldados, con un cigarrillo en la boca y compartiendo su provisión de tabaco con uno de aquellos jóvenes, con un anhelo pendiente de contar incluso ese mínimo instante.

En otra imagen, escucha atento el relato de un recluta, en un breve oasis de tranquilidad antes del combate. Por eso todos le decían "The GI's friend", el amigo de los soldados de infantería. Porque siempre tenía un tiempo para sentarse a escuchar los temores y las esperanzas de aquellos hombres pequeños y anónimos.

La gran diferencia

Pyle definía a aquellos jóvenes que trataban de estar a la altura de una circunstancia que seguramente los superaba como "los muchachos del barro, la lluvia helada y el viento". A sus ojos eran siempre granjeros, obreros o estudiantes envueltos en las sombras de una guerra que ellos no habían elegido. Esa guerra fácilmente podía arrebatarles la preciada juventud a cambio de alguna inútil condecoración. Podía también llevarlos de viaje al territorio del miedo y el dolor sin pedirles permiso.

Las historias que escuchaba cada día lo iban lacerando por dentro, lo iban reafirmando cada vez más en su convicción pacífica y entrañablemente humana. La guerra había dejado su huella en el canoso cronista, que se preguntaba a diario cómo podría sobrellevar la existencia de allí en adelante sin esa mirada cotidiana por los paisajes de la muerte, la destrucción y el terror.

Poco antes del sueño definitivo, consciente de un proceso que lo iba desgastando cada día un poco más, había anotado:

"He estado sumergido en esto por mucho tiempo. Mi espíritu está tembloroso y mi mente confusa. El daño se ha convertido en algo demasiado grande".

Otro corresponsal americano en Okinawa, Evan Wylie, tuvo el ingrato deber de informar de su deceso al resto del mundo, con un breve mensaje póstumo:

"Esta isla probablemente será recordada sólo porque en ese lugar el más famoso corresponsal de guerra estadounidense encontró la muerte que, por mucho tiempo, lo estaba esperando".

Era cierto. Pyle había ganado gran popularidad y renombre por sus crónicas en Estados Unidos. Si cuando todo comenzó, en 1940, escribía para un solo periódico, un día antes de su muerte su informe ya era recibido por trescientas ochenta rotativas de todo el mundo. El mismo general Omar Bradley tuvo que admitir:

"Nuestro soldados parecen luchar mejor cuando Ernie está cerca".

Para la hora del balazo final, el delgado reportero ya había ganado el premio Pulitzer, y la revista *Time* lo había proclamado como "el corresponsal de guerra más ampliamente leído de América". Pero su popularidad también había permitido que una crónica suya sobre la brecha salarial entre la infantería y la aviación desatara una gran polémica. Ésta alcanzó su punto más trascendente cuando Washington aprobó un aumento de 50% en la paga extra a los soldados en situación de combate. La norma sería recordada como la Ley Pyle, como para no dejar dudas respecto del principal responsable de ese justo avance.

La diferencia que establecían las crónicas de Pyle respecto de las de sus colegas partían de un novedoso enfoque, que el español Alfonso Rojo, también corresponsal de guerra, se ocupó de sintetizar así:

"No prestaba atención a los comunicados de los cuarteles generales. Lo suyo era la historia individual, el drama del instante bajo los obuses y las cargas a la bayoneta en primera línea. En el reportaje de guerra no es el valor lo que cuenta, aunque cierto coraje es imprescindible. La clave estriba en la sensibilidad y en la capacidad de contar".

En uno de los bolsillos de Ernie Pyle, en la última página de su cuaderno de apuntes, había esbozado apenas una crónica, su última semblanza:

"Hombres muertos en verano y hombres muertos en invierno. Hombres muertos en una infinidad tan monstruosa que sentías la necesidad de odiarlos. Esto es algo que tú, desde casa, no puedes ni intentar comprender. Para ti en casa, ellos son números o quizás alguien cercano que se fue a la guerra y no volvió. Tú no viste sus cuerpos yaciendo grotescamente en la cuneta de una carretera en Francia. Nosotros los vimos. Los vimos por centenas de miles. Y ésa es la diferencia".

Las dos guerras

Lejos de las heroicas versiones de seres de bronce, distante de la altisonancia de los partes oficiales y dando cuenta de las paradojas que surgían a su paso en el frente de batalla, Pyle escribió:

"Estaba perplejo. ¿La guerra era un espectáculo o no? Uno podía ver auténticas tragedias, un heroísmo inaudito y también, casi siempre, un telón de fondo cómico. Pero cuando tomaba mi pluma para dar testimonio fiel, lo que debía relatar era el sufrimiento de los hombres en el frente, que deseaban estar en otra parte; mientras otros, en la retaguardia, en puestos banales, sufrían por no poder estar en el frente; todos tenían una desesperada necesidad de hablar con alguien: no había mujeres frente a las que comportarse como un héroe, no había vino, ni aun menos canciones; hacía frío, iban sucios... Queda claro que el drama existía, y también la aventura".

Desde el principio de su trabajo, la guerra que eligió contar el corresponsal fue justamente la de los márgenes de los libros de historia, la que protagonizan desde siempre soldados anónimos que luchan por su compañero de trinchera, hombres para quienes la patria resulta una abstracción inasible, apenas un destello del recuerdo de su infancia, la sonrisa de su madre o la carta de su amante esperando del otro lado del mundo, porque su verdadera patria, en ese infierno sin salida, es el otro, el de al lado.

Es por el compañero que los cobardes son capaces de avanzar un paso más. Por el otro pueden realizar actos plenos de un heroísmo impensado segundos antes, porque cuando el miedo los domina y la artillería los paraliza, lo único que empuja a sus almas es la certeza de no poder dejar abandonado al amigo.

No hubo definición mejor que la del premio Nobel de literatura, el talentoso estadounidense John Steinbeck, autor de la novela *Las uvas de la ira*, a la hora de sintetizar el alma del trabajo de Pyle como corresponsal:

"Hay dos guerras, y no tienen gran cosa en común. Está la guerra que comporta mapas y movimientos de tropas, campañas, ejércitos, divisiones, regimientos y teorías balísticas: ésa es la guerra de los generales. Después está la guerra de los soldados, presa habitual de la nostalgia y el agotamiento, que a veces tienen gracia y a veces se dejan llevar por la violencia, de los soldados que se lavan las medias en el casco, que protestan por la rutina, que les guiñan el ojo a las chicas y que cumplen con dignidad, valor y una cierta dosis de humor la tarea más repugnante que el mundo haya conocido. Ésa es la guerra de Pyle".

Era la guerra de un corresponsal asqueado de la hipocresía de los uniformes y las charreteras, resuelto a romper con los panegíricos de gloria y con los lugares comunes de los enviados especiales que apenas se animaban a reproducir los partes oficiales. Él estaba decidido a relatar en sus apuntes esas historias mínimas de soldados que, enterrados en el barro y la desesperación, buscaban un resquicio de dignidad en medio de la podredumbre.

Los suyos son los hombres anónimos que no cuentan para las estrategias de los generales, y están allí para matar y para morir como fichas en un gigantesco tablero, pero también para él son lo que son y lo que anticipamos: trabajadores, granjeros, médicos, estudiantes. Ellos, esos individuos, son los protagonistas de las crónicas de Pyle. Y esos individuos unificados por los partes y las estadísticas se tornan en apenas hojas al viento del combate, marionetas de un titiritero sangriento llamado (una vez más) *guerra*.

A contramano de la propaganda y la demonización de alemanes y japoneses ("Humanos como cualquier otro, amistosos y un poco vanidosos", los definió), Pyle rescata los gestos personales atravesando los bandos en pugna, festeja los avances, pero no pierde el eje, y reflexiona cuando todos los demás no hacen otra cosa que festejar el transitorio milagro de seguir vivos:

"Ganamos porque somos audaces. Ganamos esta guerra porque nuestros hombres son valientes y por el don de la naturaleza de brindarnos las materias primas. Durante la emergencia de una guerra el poder de nuestra nación es increíble. La fuerza que hemos esparcido sobre el mundo es apabullante, aun para los que la generaron. En los últimos dos años he oído a los soldados decir, estoy seguro que miles de veces: '¡Si sólo hubiéramos generado toda esta energía para un buen fin!'. Pero nos superamos a nosotros mismos sólo en épocas de destrucción".

Esa visión crítica y amarga iba a contramano de todos sus colegas. "Nos superamos a nosotros mismos sólo en épocas de destrucción". Parecía ya saber de los tiempos que vendrían, de las otras guerras que Estados Unidos provocaría y protagonizaría, como si pudiera anticipar la épica de una cultura patriótica basada siempre en aplastar al enemigo extranjero para quitarse de encima las crisis domésticas, o al menos para barrerlas debajo de la alfombra por un tiempo.

Y esa visión humana y desapegada del "deber decir" descolló también en su sentida semblanza del sargento Bill Mauldin, según él:

"El mejor caricaturista que la guerra ha producido. Y eso no es simplemente porque sus caricaturas sean graciosas, sino porque también son terriblemente sombrías y reales".

Allí, en ese esbozo, el interés de Pyle se desplaza de los grandes gestos de heroísmo tan importantes para el aparato de propaganda bélico, para ocuparse del detalle de un artista en la trinchera.

Actor, ilustrador, escritor e historietista, ganador de dos premios Pulitzer, Mauldin era uno de los grandes amigos de uno de los próceres del cómic americano, Milton Caniff. En enero de 1944, Pyle anotó en su libreta algunas referencias sobre aquel joven soldado que se ocupaba de trazar caricaturas en sus tiempos libres o de pintar imágenes en los morros de los aviones aliados, y lo hizo dirigiéndose al lejano estadounidense medio:

"Las caricaturas de Mauldin no tratan de la vida en el campo de entrenamiento, cosa a la que ustedes están acostumbrados ahí en casa. Tratan de los hombres en el frente: ese pequeñísimo porcentaje de nuestro vasto ejército que está allá, en ese otro mundo donde la gente se muere. Sus caricaturas tratan de la guerra. El personaje principal de las caricaturas de Mauldin es un soldado que no se afeita, no se baña, no sonríe. Parece más un pordiosero que un hijo de familia. En efecto, es exactamente igual a un recluta que ha estado en el frente por dos meses. Y no es justamente lindo. Las caricaturas de Mauldin son, de alguna forma, amargas. Su obra es tan madura que lo he descrito como un hombre que se acerca a los cuarenta. Sin embargo, tiene sólo veintidós años, y parece incluso más joven. A él mismo nunca le hubiera crecido la pesada barba negra de su personaje, el soldado. Tiene pocos bigotes y suaves; su nariz está bellamente respingada, y sus ojos titilan. Su madurez viene simplemente de un entendimiento innato de las cosas y del hecho de haber sido soldado él mismo por un largo tiempo. Ha estado en el Ejército por tres años y medio".

Era la prosa casi literaria de un periodista que después del desembarco en Normandía se había ubicado lejos de los panfletos triunfalistas, de esos relatos épicos construidos artificialmente por Hollywood para motivar a la masa, que asiste al espectáculo de la guerra como si fuera al teatro. Los miles de muertos de ambos lados, los cuerpos despanzurrados por la artillería no existen nunca para el contador oficial. Pyle lo sabía, y por eso eligió sintetizar aquel histórico Día D en las playas francesas desde un lugar diferente:

"En esta columna quiero explicarles lo que ha supuesto la apertura de un segundo frente en Europa. Para que, sabiéndolo, estén eternamente agradecidos a todos los hombres, muertos o vivos, que lo hicieron por ustedes. Nunca he escrito nada sobre la Gran Película porque no sé nada sobre ella. Solo sé lo que vemos desde nuestros ojos de gusano, y nuestro segmento de la película consiste en soldados cansados y sucios que están vivos y no quieren morir".

Fuego cruzado

Ernest Taylor Pyle había nacido en el seno de una familia de agricultores el 3 de agosto de 1900, en una pequeña granja de Sam Elder, un enclave rural de Indiana. Pero el trabajo de la siembra nunca fue lo suyo y lo supo desde el principio, desde que comenzó a disfrutar de una parte de las tareas escolares y se extasiaba en largas redacciones para el colegio primario.

A los diecisiete años, imbuido por un patriotismo exacerbado por la propaganda, se alistó como voluntario para sumarse al combate en la Primera Guerra Mundial, pero la firma del armisticio llegó antes de que terminara su entrenamiento en la marina de guerra. De modo que un par de años más tarde retomó su pasión por la escritura y se anotó para estudiar periodismo.

No duró mucho en las aulas: en 1923 aceptó el trabajo de reportero en *LaPorte Herald* y empezó a buscar crónicas interesantes en la calle, bien lejos de los escritorios. El gran paso fue aceptar la oferta del *Washington Daily News* y lanzarse a la aventura con apenas una libreta de apuntes en sus manos. Así recorrió todo el país en busca de pequeñas historias, de fascinantes imágenes de carretera, obsesionado por encontrar esa Gran Historia que le permitiera trascender de las páginas interiores del periódico y tomar por asalto la inaccesible portada.

Al mismo tiempo en que ponía todo su esfuerzo por avanzar escalones en la prensa gráfica, Ernest habría de conocer las mieles del matrimonio. Se casó en 1925 con Geraldine Siebolds, y la sumó a esos viajes interminables por la geografía estadounidense. Pero Geraldine no estaba lista para la vida trashumante, y poco tiempo después comenzó a manifestar profundas crisis depresivas, largos periodos de una enfermedad que con los años fue ganando la batalla y provocó otros problemas laterales, como su adicción al consumo de tranquilizantes.

El frágil estado de la salud de su esposa, que incluyó al menos dos intentos de suicidio, también fue empujando a Pyle al territorio del alcohol como único refugio para mitigar la frustración. No hubo forma de remediar a Geraldine, ni siquiera después de un breve lapso de saludable vida sedentaria en una granja en Albuquerque. Y en 1940, sin más opciones que buscar algún escape, Pyle lo encontró en brazos de la guerra.

Ese año, viajó a Gran Bretaña para asistir al bombardeo de Londres ("La escena más odiosa y más hermosa que he contemplado nunca", anotaría más tarde) y relatar al detalle los acontecimientos de una contienda que apenas comenzaba a desarrollarse. Un año más tarde, después del 7 de diciembre, cuando Estados Unidos conoció en carne propia (su base naval en Pearl

Harbor) lo que significaba el ataque de una aviación enemiga y se sumó a la guerra, Pyle estaba allí.

Su primera misión fue acompañar a las tropas aliadas durante el desembarco en las playas de Sicilia, un episodio histórico que dejaría reflejado en un extraordinario libro de crónicas que comienza con el viaje de la gigantesca flota atravesando el Mediterráneo desde las cosas africanas:

"Formar parte de aquello era aterrador. Espero que ningún estadounidense tenga que ver jamás su equivalente navegando en contra nuestra. La escena me sacudirá cada vez que piense en ello el resto de mi vida: era nuestra flota de invasión, allá a lo lejos, mar adentro. La mayor flota de barcos de guerra jamás reunida hasta el momento en toda la historia del mundo".

Allí se apartaba de las elucubraciones estratégicas y de las grandes decisiones del comando general y daba cuenta, con un nivel de detalle extraordinario, de su observación cotidiana, que por cierto contrastaba a primera vista con el resto de las notas enviadas por sus colegas desde el mismo escenario de confrontación.

Estaba claro, Pyle miraba todo aquello que los demás pasaban de largo por intrascendente o inservible:

"Yo notaba una sutil diferencia entre marinos y soldados, aunque probablemente muchos de los primeros se molestarán: los marinos no estaban tan endurecidos como los soldados. Es comprensible. El soldado de primera línea que yo conocía vivía durante meses como un animal y era un veterano en el cruel y violento mundo de la muerte. En su vida, todo era anormal e inestable. Iba asquerosamente sucio, comía si podía y cuando podía, dormía sobre el suelo duro y sin nada que le cubriera. Llevaba la ropa grasienta y vivía en una nube constante de polvo, entre moscas y calor, siempre de acá para allá, privado de todo aquello que en su momento había significado estabilidad, cosas como paredes, sillas, suelos, ventanas, grifos, estanterías, Coca-Cola y el pequeño detalle de saber que se iría a la cama por la noche en el mismo lugar en que se había levantado por la mañana".

Pyle subrayaba que, a diferencia de esos soldados, para los marinos el barco era su hogar transitorio; que no era tan habitual escuchar insultos y palabrotas a bordo; que los nervios allí permanecían casi siempre bajo control, más allá de que a la hora del bautismo de fuego, las diferencias se estrechaban considerablemente. Ése era el momento en que algunos disparos marcaban otra distinción, aunque no muy duradera: la existente entre los veteranos y los advenedizos:

"Aparentemente tranquilos, pero asustados y muertos de preocupación. Tras aquel intercambio de disparos se había desvanecido buena parte de su reticencia a empezar algo desconocido, sus armas se habían convertido en sus amigos, el enemigo se había hecho real y la guerra había cobrado vida para ellos, y ya no le tenían tanto miedo. Aquella tripulación de marinos acababa de pasar lo que ya habían experimentado antes cientos de miles de soldados y marinos: la transformación de personas pacíficas en combatientes. Esto no tiene nada de especialmente extraordinario, pero presenciarlo fue una experiencia conmovedora".

En aquel registro en alta mar, Pyle conversó con soldados y marinos en busca de un denominador común. Y lo halló en la muletilla con la que todos terminaban sus frases y anhelos ("Si consigo salir con vida de esta refriega…"), o sea, la referencia obligada a las imágenes de un futuro siempre en potencial; la madre; el deseo de anotarse en la universidad; el de sostener sobre el regazo al pequeño hijo; el de volver a conducir un camión por las rutas de Kansas, etc. También en la ausencia absoluta de cualquier referencia patriótica en sus expresiones. El honesto Pyle daba testimonio de lo irreproducible, pero cierto:

"Nunca oía a nadie decir algo patriótico, como reproducen las novelas. Se filosofaba, pero de forma sencilla y sin dramatizar".

Otro rasgo igualador era, claro, el temor ante lo inexorable:

"No creo que ninguno de nosotros temiera la parte física de la muerte; no es así como funciona. El sentimiento es más bien de reticencia desesperada a renunciar al futuro. Supongo que se te ponen los pelos de punta y que todo se puede incluir en el miedo".

A poco de llegar a las playas sicilianas, la orden general fue apagar todas las luces, no otorgarle al enemigo ni el más mínimo punto de referencia de aquella invasión de extraordinaria envergadura. Era el final del tránsito, el comienzo de una invasión, el chispazo del fulminante que cambiaría la vida de miles de hombre jóvenes, aferrados a un arma, disimulando los nervios mientras el oleaje castigaba las naves, como anticipando la violencia que estaba a punto de estallar:

"Todo en este mundo se había detenido excepto la guerra, y todos éramos hombres con una nueva profesión, que nos encontrábamos en una noche extraña y cuidábamos los unos de los otros. La oscuridad envolvió a la armada estadounidense. Ni un solo punto de luz delataba aquellos centenares de barcos que avanzaban hacia su destino en medio de la noche, transportando por el mar eterno e indiferente a decenas de miles de jóvenes que luchaban por... por... bueno, al menos los unos por los otros".

Tomates y francotiradores

En el argot militar referido a las invasiones, el día que el ejército ataca un nuevo país se llama Día D, y la hora a la que alcanza a pisar la playa enemiga se conoce como Hora H. Resulta que el desembarco en Sicilia, que se preveía dificultoso en cuanto al número de bajas, fue tan sencillo como una visita de turismo. No había ningún soldado alemán en esa zona para recibir a los recién llegados. En la voz de Pyle, aquel desembarco impoluto había generado en los soldados, más que una sensación de alivio y tranquilidad por no tener que atravesar una defensa fortificada, una impresión más cercana a la frustración:

"Habíamos ido allí preparados para abrirnos camino entre una sólida barrera de minas, ametralladoras, artillería, alambres de espino y fuego líquido, e incluso esperábamos tropezar con algún arma novedosa y letal. Sin embargo, no encontramos nada parecido. Fue como subir al ring esperando pelear contra Joe Louis y encontrar esperándonos a un boxeador de tercera categoría, como Caspar Milquetoast".

¿Qué era lo que había pasado? ¿Dónde estaban los temibles francotiradores italianos y la artillería alemana? ¿Por qué la población local recibía los invasores con la satisfacción de quien saluda a un liberador y no a un extraño en sus tierras, aun a sabiendas de que poco tiempo atrás esa misma población era la que vitoreaba a las tropas fascistas que se trasladaban al frente africano?

Para Pyle, este nuevo escenario representaba a la vez un nuevo desafío para soldados y marinos que se habían preparado para el miedo y el combate desde hacía semanas, y no para caminar pacíficamente por los campos sicilianos y comerse algunos tomates maduros:

"Miramos a nuestro alrededor desconcertados, incrédulos y considerablemente alarmados. Todo había sido tan fácil que teníamos la inquietud de que algo terrible nos debía aguardar en alguna parte. Habíamos previsto una carnicería aterradora en la playa, que no se produjo. En lugar de sufrir miles de bajas, en los veintidós kilómetros de frente de nuestro sector especial se había perdido una cifra asombrosamente pequeña de hombres".

Lejos de la épica gloriosa del relato bélico, Pyle detallaba aquel inicio vulgar y sin actos heroicos, y como sin terminarse de creer que aquella invasión fuera a ser un camino manso y tranquilo hacia la victoria. Algunos días más tarde, los alemanes se retiraron del pueblo de Cassino, que padeció un bombardeado interminable en las semanas siguientes, hasta el punto que los tanques americanos no podían avanzar, bloqueados por los baches provocados por las bombas de sus propios aviones y de su artillería.

Una de aquellas colinas fue incluso rebautizada como Onebillion Hill, porque los artilleros habían calculado que la muerte de cada soldado enemigo había costado veinticinco mil dólares en proyectiles. Y Pyle comentó con sarcasmo al presenciar tamaña capacidad de destrucción:

"Quizá habría sido más fácil si esa cifra se la hubieran ofrecido a los alemanes para que se fueran".

Pero hacía bien en dudar de aquel comienzo venturoso y plácido.

Algo de tramposo ocultaba ese bucólico paisaje italiano. Algunos días más tarde respiraría el miedo general en las trincheras y la incertidumbre por la presencia de francotiradores en cada rincón:

"Hay francotiradores por todos lados. Hay francotiradores en los árboles, en los edificios, en los montones de escombros, en la hierba. Pero principalmente están en lo alto, en las espesas vallas que forman las cercas de todos los campos normandos y que cubre cada borde de camino y senda".

El reportero habría de participar luego, como uno de los veintiocho corresponsales privilegiados (de un total de cuatrocientos cincuenta afincados en Londres), en otro desembarco. Éste fue desprolijo y sangriento: el de Normandía, en el inolvidable 6 de junio de 1944.

Un espíritu agotado

La invasión a Francia fue el punto culminante en la carrera de Pyle. Allí sí la guerra, en toda su dimensión, se abrió a sus ojos curiosos. En sus páginas narró un *raid* nocturno a bordo de un avión bombardero; se sumó a una unidad antitanques para conocer en detalle sus métodos y estrategias; acompañó a un equipo de fuego antiaéreo para anotar los temores de hombres habituados a buscar una señal en el cielo azul. Fue, con otras armas, un soldado más.

Imposible no conmoverse ante su relato de aquel bombardeo aliado destinado a proteger a las tropas invasoras, a poco de pisar las playas francesas:

"Llegaron las bombas. Al comienzo fue como el crujido de las palomitas de maíz. Y, de manera casi instantánea, aquel sonido se transformó en un furioso y monstruoso estrépito que parecía ciertamente capaz de destruir todo lo que teníamos por delante. A partir de ese momento, y durante una hora y media que contuvo la agonía de siglos, las bombas no dejaron de caer".

Esa contradicción entre el espectáculo del imponente bombardeo y el pánico desatado por el error de cálculo y la cercanía con la que caían algunos explosivos, irrumpe en el relato de Pyle desde un costado sensible y singular. Aún tirado en el suelo, como estaba, en busca de algún refugio para esa dantesca secuencia de estallidos, era:

"... imposible describir el estrépito y la furia de aquellas bombas, salvo decir que era un caos y una espera en la oscuridad. La sensación que producían las explosiones era impresionante. El aire nos golpeaba en cientos de ráfagas continuas. Un sonido metálico martillaba nuestros oídos. Y sentimos unas breves oleadas de conmoción en el pecho y en los ojos".

En septiembre de 1944, Pyle eligió para su columna diaria un título sugestivo y muy personal:

"Los nervios de guerra obligan a Ernie a tomarse unas vacaciones por razones de salud".

Desde París, informaba que aquélla era la última de sus columnas desde Europa y realizaba un balance crítico de su situación personal y de la guerra.

Al momento de sus "vacaciones", Pyle llevaba veintinueve meses ininterrumpidos en diversos frentes de batalla o viajando hacia ellos; había escrito unas setecientas mil palabras y pasado cerca de un año en la primera línea de combate.

En cada uno de sus relatos había, y todos lo reconocían, un espacio para la imagen del soldado. Todos sus reportes estaban despojados de cualquier efectismo patriotero, aun cuando la victoria parecía al alcance de la mano. Eran textos ajenos a cualquier semblanza heroica que fuera más allá del esfuerzo de esos hombres dispuestos a dar la vida por su amigo o por cumplir con la promesa de regresar a casa y tomarse un barril de cerveza:

"La guerra nos ha dejado vacíos y secos de sentimientos. Si nuestro ejército se hubiese sentido como yo, probablemente no habríamos tenido el ánimo necesario para ganar. Para mí, la guerra se ha convertido en un mandato, en una negra depresión sin momentos de luz, una revulsión de la mente y un agotamiento del espíritu. Y aún nos queda otra gran atadura que romper: el Pacífico".

El soldado que no quiso desertar

Con cada día pasado en aquel infierno, la guerra había ido deteriorando su voluntad y su salud.

En varias cartas, Pyle expresó a su esposa que estaba cansado de tanta muerte y destrucción, pero que, sin embargo, sabía que abandonar todo aquello no resultaba posible, pues "sentiría que soy un desertor", según expresó. Tampoco dejó de admitir la compleja realidad:

"En lugar de hacerme más fuerte con el paso del tiempo, como sucede con los buenos veteranos, me estoy debilitando y cada vez tengo más miedo".

Sus biógrafos señalan que quiso volver a casa, que ya no podía más cargar la guerra en sus espaldas y que necesitaba un descanso. Pero no pudo rechazar la oferta de viajar al frente del Pacífico donde, se conjeturaba, se jugaría la suerte final de la guerra.

Para el escritor español Jacinto Antón, la creciente popularidad de Pyle terminó por jugarle en contra poco antes de su viaje a Japón:

"Empezó como un periodista más y poco a poco, a medida que iba haciendo los despachos y a medida que éstos iban encontrando la reacción emotiva del público, se fue convirtiendo en un personaje muy famoso, hasta el punto de que en algunos momentos lo retiraban del frente para no perderlo. Y curiosamente, de forma paradójica, murió porque no pudieron prescindir de él. Llegó un momento, después de Normandía, en el que decidió que ya había visto bastante y que su suerte se había acabado. Esto les pasa también mucho a los soldados, que de repente, los que están en primera línea, dicen: 'Tengo la sensación de que yo ya he agotado mi cuota de buena suerte.' Y curiosamente, a partir de ese momento, hay más bajas. El soldado veterano suele morir cuando piensa que se le ha acabado la suerte. Tener a Pyle con los muchachos tenía como consecuencia disponer de 3% más de capacidad de fuego. Los soldados, cuando estaba Pyle entre ellos, sabían que escribiría a casa e iba a contar cosas buenas y bonitas de ellos. Intentaban estar a la altura y probablemente luchaban mejor".

Pyle no estaba dispuesto a volver a su casa con la mochila de desertor en su conciencia. De modo que tragó el cansancio, acomodó sus huesos y se preparó para viajar al Pacífico, en busca de esas pequeñas historias que sólo él sabía contar. Quizá sí, entonces, la guerra terminara. Quizá, también, aquella aventura en tierras niponas significara el último eslabón en una cadena interminable de tragedias, destrucción y miedo. Quizás pudiese volver a casa con la satisfacción del deber cumplido.

Sólo entonces y así, con el deber cumplido, sería posible imaginar una vida lejos de las trincheras, del estrépito de los bombardeos, del susurro apagado de aquellos muchachos inmersos en el barro, sufriendo la escarcha y el viento frío. Éstos, por ahora, lo esperaban aún del otro lado del mundo para contarle una pequeña historia, un anhelo en puntos suspensivos, la esperanza de un retorno dibujado con el inasible contorno de un sueño.

Capítulo 3

UNA FOTO, LA CULPA Y OTRAS CUESTIONES

> "Es la foto más importante de mi carrera, pero no estoy orgulloso de ella. No quiero ni verla; la odio."
>
> Kevin Carter, fotógrafo

Sudán es un territorio antiguamente dominado por la Corona británica. Ubicado en el noreste africano, vecino de Egipto al norte, tiene una población de veinte millones de personas. Allí, a principios de los años noventa, los enfrentamientos entre el gobierno islámico del presidente Omar Hassan Ahmed al-Bashir y las tribus Nuer y Dinka atravesaban el momento de mayor intensidad. En ese difícil contexto, los campamentos de refugiados crecían de a miles, multiplicándose en cuestión de horas en todo el país. El conflicto hacía estragos en una población desesperada, sin rumbo y ocupada exclusivamente en no morirse de hambre, de algunas de las decenas de enfermedades infectocontagiosas o acribillada a balazos en las calles. Era, en suma, un infierno.

Pero rumbo a esa zona se dirigieron en 1993 el fotógrafo sudafricano Kevin Carter y su colega portugués João Silva, seducidos por la posibilidad de desarrollar una amplia cobertura en el denominado Triángulo de la Hambruna, en el sur del pequeño país, en la región que comprenden los estados de Bahr el-Gazal, Alto Nilo y Equatoria.

Carter y Silva eran, junto con sus colegas Greg Marinovich y Ken Oosterbroek, referentes del llamado Bang Bang Club —el nombre con el que los bautizara la revista *Living*, de Johannesburgo—, un grupo creado por los cuatro fotoperiodistas para facilitar su durísimo trabajo y para protegerse en los sangrientos choques producidos durante otra guerra civil, la sudafricana, desatada en la comunidad negra a partir de la liberación del líder Nelson Mandela después de veintisiete años de prisión.

En Sudáfrica batallaban los partidarios de Mandela, en su mayoría integrantes de la comunidad Xhosa y del Consejo Nacional Africano (CNA), contra los zulúes separatistas de la tribu Inkhata, financiados por grupos paramilitares. Mientras los enfrentamientos cubrían de sangre las calles del gueto de Soweto, el Bang Bang Club ganaba notoriedad internacional con un trabajo tan arriesgado como fascinante. Estaban allí en el instante exacto, entre las balas, entre los muertos. Y hacían su trabajo. Sus fotos recorrieron el mundo y les mostraron a millones la barbarie de un país que intentaba, a fuerza de sangre y fuego, dejar atrás los años de *apartheid*.

El arzobispo y premio Nobel de la Paz Desmond Tutu describió la experiencia de ese reducido grupo de periodistas que había acudido al lugar del que todos huían:

"Nos maravillaban con su trabajo. ¿Cómo hacían para capturar sus imágenes en el frenesí de la matanza? Debían tener un coraje extraordinario para trabajar en los campos de la muerte, tan imperturbablemente y con tanto profesionalismo. Y debían ser bastante fríos para enfrentar ese horror como parte de su trabajo. Ahora que han roto el silencio sabemos cómo operaron en equipo, cuán frecuentemente debieron ser insensibles, al punto de pisotear cadáveres sin mostrar emoción, para capturar esa imagen que les demandaban las agencias. Ahora sabemos un poco el costo de ese constante contacto con la muerte que ellos llamaron, con humor macabro, el Bang Bang Club. Los sudafricanos les debemos muchísimo por su contribución en este frágil proceso de transición de la represión a la democracia, de la injusticia a la libertad".

Lo cierto es que, como ya veremos, ninguno de los cuatro fotógrafos se mantenía tan imperturbable, frío e insensible como parecía entonces.

Entre el oficio y el abrazo

Hasta ese momento, las críticas que le llegaban al grupo de cronistas provenían de sus colegas negros, quienes cuestionaban que un grupo de blancos se ocupara exclusivamente de retratar a los muertos a causa de los conflictos tribales, pero que jamás se ocuparan de dejar registro de los asesinatos provocados por el terrorismo de Estado, causados en su mayor parte por la policía y los grupos paramilitares blancos. Pero, en tanto, su fama temeraria se acrecentaba. El grupo conseguía las mejores fotos del conflicto, y sus miembros no estaban dispuestos a facilitarle el trabajo a ningún improvisado, tal como confiesa el propio Silva:

"Les habíamos cerrado la puerta a todos los fotógrafos que se nos querían unir. Sí, éramos arrogantes, elitistas y muy competitivos. Era un poco ridículo, pero la verdad es que habíamos pasado años aprendiendo cómo conseguir buenas fotos en circunstancias tan difíciles, y no queríamos ayudar a ningún advenedizo, fuera local o extranjero, que pretendiera hacer lo suyo en un par de semanas y después irse".

El método de trabajo cotidiano comenzaba por las mañanas. El grupo se juntaba e iba en busca de los cadáveres que quedaban por las calles de los guetos. A veces, los cuerpos yacían tumbados a la vera de los caminos durante días, porque la policía no daba abasto para recogerlos a todos.

Según Marinovich:

"Cuando había mucha violencia, formábamos una patrulla de madrugada: nos levantábamos antes de las primeras luces para recorrer juntos los barrios, cosa de no estar tan desamparados si sonaba la alarma. El amanecer era la transición entre el caos de la noche y el supuesto orden del día, el momento en que la policía se llevaba los cadáveres. A veces, cuando escuchaba el despertador, buscaba cualquier excusa para quedarme en la cama. Pero saber que los otros me estaban esperando en alguna parte terminaba obligándome a levantarme".

En 1993, tanto Carter como Silva decidieron cambiar los planes y viajar a otra región propicia para sus fotos descarnadas: Sudán.

Llegaron en un avión de Naciones Unidas cargado de alimentos para un multitudinario campamento. El arribo de la comida generó un verdadero caos en la aldea de Ayod. En palabras de Silva:

"Los pobladores hambrientos rodearon el avión, salvo aquellos que estaban demasiado débiles para caminar, que esperaban sentados alrededor de un improvisado comedor".

Para los dos reporteros había fotos por todos lados. El propio Carter caminaba por los alrededores cuando la lente de su cámara dibujó la figura de una niña pequeña, marcada por la profunda huella de la desnutrición, derrumbada en el piso, casi sin aliento y sin fuerzas, sin poder llegar por sus propios medios al sector donde los demás se disputaban el alimento. Carter abrió el diafragma y, antes de obturar, observó que un buitre gigante se posaba justo detrás, a unos cinco pasos de la niña semicaída. Y Carter disparó.

Esa fotografía es quizás la demostración más dolorosa de la crueldad del ser humano y, a la vez, es el documento gráfico más movilizador que jamás se haya visto.

João Silva cuenta (en el libro *The Bang Bang Club. Snapshots from a Hidden War*) que, cuando Carter intentó mostrarle el escenario de la foto, el buitre ya no estaba. Pero la niña sí. Silva reconoce allí que ninguno de los dos intentó ayudar a la niña sudanesa a llegar al comedor, ubicado apenas a cien metros de distancia. Hasta entonces, ese tipo de actitudes no formaba parte de su trabajo, pero sí lo haría de su atormentada conciencia, tal como lo comentaría Carter:

"Cuando João y yo estuvimos en Somalia en 1992, en medio de la hambruna, ninguno de los dos recogió a un solo chico enfermo o agonizante, aunque vimos cientos. Los mirábamos morir y sacábamos fotos. Yo me sentía impotente cuando fotografié a un hombre cuyo último hijo se le estaba muriendo en sus brazos. Eran buenas fotos; la tragedia y la violencia son imágenes poderosas, por eso las pagan así. Algo de emoción, de la empatía y la vulnerabilidad que nos hacen humanos se pierde cada vez que apretamos el disparador".

La foto maldita

La historia no termina allí. Carter vendió la foto de la niña sudanesa al diario *The New York Times* y, por ella, su fama dio la vuelta al mundo. El 12 de abril de 1994 recibió el prestigioso premio Pulitzer. Pero en su momento habría de reconocer:

"Es la foto más importante de mi carrera, pero no estoy orgulloso de ella. No quiero ni verla, la odio".

Era el ganador del segundo Pulitzer para el Bang Bang Club. Greg Marinovich ya lo había ganado en 1991, cuando fotografió, en medio de un linchamiento callejero en Soweto, a un zulú sospechoso de colaborar con el gobierno del *apartheid*, envuelto en llamas, quemado por sus adversarios étnicos en septiembre de 1990. Él mismo relató esas circunstancias:

"Los zulúes y yo lo corrimos, una jauría tras la presa aterrada. Después de dar unos cuantos pasos el perseguido cayó, no sé cómo o por qué. Los atacantes lo rodearon enseguida, en un círculo apretado y silencioso, y empezaron a acuchillarlo y apalearlo. Mis oídos captaban con absoluta nitidez el suave sonido del acero penetrando en la carne, los golpes secos de los palos destrozando su cráneo [...] Yo era uno más en el círculo de asesinos, fotografiándolo apenas a medio metro de distancia. Estaba horrorizado, diciéndome a gritos que eso no podía estar sucediendo. Pero al mismo tiempo verificaba si la luz estaba bien, cambiaba de cámara (una cargada con rollo color, la otra en blanco y negro), era tan consciente de mi trabajo como fotógrafo como del olor a sangre y a sudor de los hombres a mi alrededor".

La consecuencia inmediata para Marinovich por esa foto fue que el periódico *Star*, para el que trabajaba, debió mantenerlo oculto debido al escándalo generado a nivel nacional por la imagen, y derivarlo a coberturas ajenas al ojo del huracán étnico que sacudía por entonces a todo el país.

Para Carter, la foto que lo había lanzado a la fama y le había permitido firmar un contrato con *Sygma*, una de las principales y exclusivas agencias que emplea a dos centenares de fotógrafos en todo el mundo, también significó el inicio de una serie de cuestionamientos morales que se iban acrecentando.

Feliz por el logro conseguido, Carter abundó en detalles ante las preguntas del periodismo: contó que permaneció veinte minutos asistiendo a la escena, a la espera de que el buitre desplegara sus alas para hacer más efectiva la toma, y reconoció después que ignoraba el destino de aquella niña hambrienta. "Tuve que pensar visualmente", se justificó.

De ídolo a villano, en cada lugar en el que explicaba detalles de aquella foto maldita, recibía críticas por su indiferencia sobre el destino de la niña sudanesa. La revista *Time* llegó a decir:

"El hombre que ha ajustado su lente para captar esa foto es otro predador, otro buitre en la escena".

El diario madrileño *ABC* fue aun más duro con el fotógrafo:

"Son mercenarios en busca de premios Pulitzer o dinero, como demostró Kevin Carter al no hacer nada en absoluto, porque, al parecer, ayudar al pequeño no habría tenido tanto impacto en las conciencias occidentales como capturar una instantánea".

Apenas seis días después de conocido el galardón de Carter y una semana antes de las primeras elecciones libre en décadas en Sudáfrica, otro miembro del club, Ken Oosterbroek, fue alcanzado por una bala policial perdida. Murió durante un tiroteo entre los Xhosa y los separatistas Inkhata en el barrio negro de Tokhoza, a sólo dieciséis kilómetros de la capital sudafricana. También los precisos segundos de agonía de Oosterbroek fueron captados por la cámara de João Silva, su compañero en el Bang Bang Club.

Tiempo más tarde y por orden de Nelson Mandela, se construyó un monumento en memoria del fotógrafo en Tokhoza. "Esperemos que Ken Oosterbroek haya sido la última víctima", afirmó el líder. Dos días después de la muerte del reportero, los Inkhata anunciaron que participarían de las elecciones y aceptaron un alto el fuego.

Hacia el propio infierno

A partir de ese momento, Kevin Carter comenzó a perder los estribos y a provocar un problema tras otro. Pareció enredarse con su propia sombra y su camino se hizo errante, pese a una fama creciente que también le valía no pocas críticas por su actitud indiferente hacia la niña sudanesa. Carter no lo sabía, pero la historia detrás de esa foto ocultaba algunas revelaciones importantes.

La niña de la imagen era un niño de nombre King Nyong, y no moriría esa tarde, sino varios años después, a causa de una enfermedad. Por otro lado, tampoco se encontraba en peligro, ya que lo separaban apenas unos metros de distancia del campamento Medico Mundis.

Los cuestionamientos éticos a su trabajo, su crisis matrimonial, la muerte de su amigo —nunca se perdonaría no haber estado allí, hasta el punto de haber confesado que aquella bala la tendría que haber recibido él y no Ken— y la adicción a las drogas fueron enterrando a Carter en una oscuridad sin salida.

El 27 de julio de 1994, sólo un año después de fotografiar a la niña y el buitre, y a menos de tres meses de recibir el Pulitzer, Carter se suicidó en su auto al conectar un extremo de una manguera al caño de escape y sostener el otro en la cabina. Algunas líneas de su mensaje suicida eran por demás elocuentes:

"Estoy deprimido, sin teléfono, sin dinero [...] atrapado por imágenes de asesinatos y cadáveres, furia y dolor, niños heridos o muriéndose de hambre, hombres que aprietan el gatillo con alegría, policías y ejecutores [...] Voy a reunirme con Ken, si tengo suerte".

Para Scott MacLeod, periodista de la revista *Time*, la fama fue apenas el cierre dramático de una serie de conflictos de largo arrastre que empujaron al fotógrafo al abismo de aquella última decisión:

"Fue una muerte anunciada por la personalidad de Carter. La presión de ser siempre el primero donde estaba la acción, el temor de que sus fotos no fueran lo suficientemente buenas, la lucidez existencial que le provocó haber sobrevivido a la violencia una y otra vez —y los medicamentos que utilizaba para desterrar esa lucidez—, fueron cimentando lo que pasó después. Si hay una lección fundamental que puede extraerse del auge y caída meteórica de Carter, es que la tragedia no siempre tiene dimensiones heroicas".

En ese mismo sentido, el suicidio de Carter fue asimilado por el grupo de formas diversas.

Kevin había generado innumerables conflictos por su desidia ante el trabajo (llegaba tarde porque se quedaba dormido, olvidó los rollos de una producción para Reuter en un avión, sus fotos perdieron calidad y efectividad) y por sus recurrentes crisis depresivas. De este modo, el Bang Bang Club no pudo defender al colega y amigo del mismo modo que lo había hecho con Oosterbroek.

En ese sentido, Marinovich reconoció:

"Convertimos a Ken en un héroe, pero fuimos mucho más ambivalentes con la muerte de Kevin. Yo seguí enojado con él durante mucho tiempo. Terminó imponiéndose la teoría de 'El hombre que había visto demasiado'. Pero hay una parte de mí que sigue viendo la muerte de Kevin de la misma manera que la vieron los jóvenes luchadores de Thokoza. Un día volvimos con João a las calles de Khumalo, muy cerca de donde había muerto Ken O., y nos encontramos con un grupo de camaradas que nos recordaban. Sus casas estaban destruidas, incendiadas, pero ellos seguían ahí porque no tenían dónde ir. Uno de ellos se había enterado del suicidio de Kevin, y me dijo burlonamente: '¿Así que la vida era demasiado dura para él?'. No supe qué responderle".

La culpa se transformó en un elemento cotidiano para el Bang Bang Club, tan común como los cadáveres, como la sangre, como la miseria extrema. Era también un poco la piedra en el zapato durante su trabajo, una sensación rara y molesta que les llegaba en ese instante efímero y crucial, enfrentados al marco de su cámara.

"Nos sentíamos culpables. Nos sentíamos buitres. Habíamos pisoteado cadáveres, metafórica y literalmente, para ganarnos la vida. Pero no habíamos matado a esa gente. De hecho, salvamos vidas. Y a lo mejor, nuestras fotos marcaron una diferencia, mostrándole al mundo la lucha de la gente para sobrevivir, algo que de otro modo no hubieran conocido, o no tan nítidamente. Hubo momentos como en Soweto, donde fui culpable por no intervenir. Pero yo no tenía la culpa por los miles de hutus muriendo de cólera en el este del Zaire, ni por la policía abriendo fuego sobre civiles desarmados en Boipatong...".

Tales fueron las palabras de Greg Marinovich, tiempo después. Pero aun con atenuantes (si bien poco sólidos a la vista de muchos y de él mismo, seguramente), la culpa era su compañera fiel:

"El sentimiento de culpa quizá tenía que ver con nuestra incapacidad de ayudar. Manejar la culpa es fácil. Superar la incapacidad de ayudar es mucho más difícil, casi imposible. Hoy puedo decir que no éramos responsables: solamente testigos".

La trágica mezcla entre la culpa y la impotencia hace de la historia de Kevin Carter, y su foto del buitre y la niña, un desolador ejemplo de lo peligroso que puede volverse el manejo de los límites para el periodista en situación de conflicto, la delgada frontera entre el profesional y la persona, entre cierto espíritu morboso y el afán de denuncia, entre lo injustificado y lo necesario. Justamente, la aparición de aquel inasible sentimiento obligaba a veces a dejar de hacer lo que "se debía" para hacer otra cosa. Así lo explicaba João Silva:

"Lo que nos unía como grupo era que cuestionábamos la moralidad de nuestro trabajo, que había momentos y lugares en los cuales había que bajar la cámara y dejar de ser fotógrafos".

Nadie sale limpio de la guerra

El periodista y escritor español Arturo Pérez Reverte también ofició de corresponsal de prensa durante la guerra de Chipre;

en diversas fases de la guerra del Líbano; en Eritrea; durante la campaña de 1975 en el Sáhara; en las islas Malvinas; en El Salvador; en Nicaragua; en la guerra del Chad; la crisis de Libia; en las guerrillas de Sudán y Mozambique; en la crisis de Angola; en el golpe de Estado de Túnez; en la guerra civil en la ex Yugoslavia, más particularmente en la zona de Bosnia Herzegovina.

Como todo prócer del periodismo ibérico que, además, resultó un exitoso escritor de novelas de ficción traducidas a cuarenta idiomas, acumuló también a lo largo de los años una extensa lista de admiradores y otra bastante nutrida de refutadores de sus historias bélicas.

Muchas de sus impresiones, en clave ficcional, forman parte de su famosa novela *Territorio Comanche*, uno de los libros más vendidos en España durante la década de los noventa. ¿Por qué van a la guerra los periodistas? ¿Por qué arriesgan sus vidas detrás de una historia, cuando podrían buscar el reconocimiento desde la comodidad de una redacción? Éstas fueron algunas de las preguntas con que se encontró el periodista español de regreso del infierno.

La nada previsible respuesta de Pérez Reverte, despojada de cualquier impostura presuntuosa o heroica, abría una brecha polémica:

"Cuando es joven, uno va a la guerra por aventura, porque hay chicas, porque hay whisky, porque hay amigos, porque hay adrenalina [...] hay un montón de cosas por las que uno va a la guerra. Eso de que uno va a la guerra para ayudar a la humanidad es mentira. Nunca he conocido ni un solo reportero que fuera a la guerra para parar la guerra o servir a la humanidad. El periodista normal, el de infantería, va a la guerra porque le gusta, porque se lo pasa bien, porque la guerra es un lugar muy excitante. Vives sensaciones que no vivirías en muchas vidas normales. Eso es al principio. Después, según como seas, la guerra te hace compasivo, te hace humano, te da remordimientos, te va conformando. Hace a cada uno de una manera diferente. Pero el impulso primero es ir a la guerra por aventura. Si tienes una mínima calidad humana, el tiempo te va haciendo ver cosas, que eso no está para tu diversión, que hay gente que sufre, que podrías ser tú, te vas haciendo solidario con la gente que sufre. Empieza tu transformación personal...".

Y el español desplegaba distintas hipótesis de muerte con su respectiva causa:

"En mi caso podríamos resumirlo diciendo: si me hubieran matado con veinte años, me habrían matado por la aventura; con treinta años por hacer mi trabajo; con cuarenta por ayudar en lo que podía. Y con cincuenta me habrían matado por idiota, porque ya no tenía nada que hacer allí".

Pero no es ésa la definición más interesante del autor de la saga de aventuras del Capitán Alatriste, sino la que sigue. A la hora de enmarcar con precisas palabras el rol del reportero de guerra en esos escenarios críticos, se explayó en una entrevista con las palabras más crudas:

"Un soldado, que estaba caminando delante del pelotón en donde me encontraba, voló por los aires al pisar una mina personal. El hombre no murió al instante. Deshecho y reventado como estaba, tardó un tiempo en estirar la pata. Agonizó por una eternidad, durante la cual algunos compañeros y los médicos del pelotón intentaron salvarlo, o ayudarlo a morir. Sé positivamente que como ser humano yo debía intentar dar una mano en algo, aunque no sirviera para nada. Y como, efectivamente, no serviría para nada, porque no soy ni médico ni soldado, entendí que lo que debía hacer era registrar ese momento; no protagonizarlo. Y así fue como, con el camarógrafo que me acompañaba, filmamos en vivo la muerte de ese hombre, mientras mi voz relataba en *off* lo poco que salía de mi garganta. Podéis pensar que soy un hijo de puta, pero no estaba allí para pelear la guerra ni para salvar vidas, aunque de una u otra forma después terminara inmiscuido en esas cosas. Yo estaba allí para contar lo que veía, para salir vivo de allí y seguir contando. Son decisiones que hay que tomar para no volverse loco. Porque alguna locura queda. Los fantasmas no se van más; nadie sale limpio de una guerra".

Siempre hay algo más, algo que suele pasar desapercibido para quienes recordamos el pasado a fuerza de retener para siempre algunas imágenes, algunas crónicas. Son sus responsables periodistas de todas partes del mundo, los fotógrafos de la historia, sin saberlo. Testigos, son también casi juez y parte en las escenas que nadie puede ser capaz de olvidar. Mucho menos ellos.

Ahora que llegamos al nudo de esta suerte de conclusión anticipada, vale realizarse las preguntas que, en realidad, hacen las veces de vector de esta reflexión.

¿Quién podría, en su sano juicio, adjudicarle al periodista algún tipo de responsabilidad, de culpa para ser más precisos, por los hechos que sus imágenes o sus palabras describen? ¿Dónde se ubica el límite ético en la acción del periodismo gráfico, dónde termina el valor profesional de un material y comienza el morbo? ¿Qué posición asume el reportero antes de desarrollar su trabajo?

Para intentar responder a los interrogantes planteados, ninguna herramienta podría superar la utilidad de algunos pocos ejemplos, esos modelos históricos que terminan por definir los parámetros para un análisis que, como tantos otros, necesita del recuerdo para elaborar mínimas conclusiones. Los casos de Kevin Carter y del Bang Bang Club, el de Pérez Reverte en las calles de Sarajevo, proveen de esos ejemplos: una crónica, una foto.

La culpa y la hipocresía

Otra vez una imagen, otra vez la cámara de un periodista para mostrar, para correr el velo sobre la realidad. ¿Existe un nexo entre la narración de la extensa agonía de un soldado en Sarajevo y la historia de Kevin Carter y su foto del buitre y la niña? Más allá de las obvias alusiones a la presencia periodística en la zona de conflicto, de su riesgoso trabajo para registrar instantes terribles, una frase de otro de los integrantes del Bang Bang Club desnuda la relación entre ambos ejemplos, aparentemente separados por mucho más que miles de kilómetros. "No pudimos hacer nada", reconoce en su relato. Nuevamente la aparición del estigma de la culpa y la responsabilidad del periodista termina por sumarle un elemento más a esta historia de sangre y fuego en cualquier parte del mundo.

¿Por qué "no pudimos hacer nada"? ¿Acaso el periodismo no es sólo un oficio y su trabajador, el cronista, un simple testigo, un observador de los hechos? Evidentemente, con los casos citados alcanza para ratificar que la tarea del periodista en un frente de conflicto excede lo meramente profesional; se trata entonces de analizar los propios límites del sujeto en tanto persona común, como individuo. Allí poco importa si hablamos de un médico, un civil que pasaba por el lugar o un cronista. Estamos en presencia de otro fenómeno mucho más profundo.

Según expone el periodista polaco Ryszard Kapuscinsky:

"El periodista especializado en conflicto armado debe ser consciente de que se enfrenta a una tragedia humana, con terribles consecuencias futuras, donde todas las partes están perdiendo. Debe entender que en medio de la guerra no hay objetividad: la cubrimos para que se acabe lo más rápido posible y para que se produzca la menor cantidad de muertos".

Para los periodistas españoles José Aranzana y Luis Davilla, detrás de las acusaciones y los cuestionamientos contra Kevin Carter se oculta una gran hipocresía:

"Carter no se suicidó por un remordimiento de esa clase. Se limitó a recortar un trozo de paisaje para servírnoslo a domicilio. La expresividad fue su gran logro, pues la foto ejerce de metáfora certera de una realidad trágica y atroz, de una guerra olvidada. No es ningún montaje: sucedió así, y Carter sólo nos troceó y nos regaló el significante; el significado lo pusimos nosotros, espectadores occidentales, atormentados por nuestra sucia conciencia y acosados por los problemas de obesidad extensiva desde la tierna infancia...".

La culpa que se atribuye como merecida al testigo del infierno sería entonces la misma que nos sacudimos de nuestro bovino lomo, transformados en impolutos críticos que dictaminan desde una comodidad no menos culpable.

Continúan los españoles:

"Carter no era otro predador ni el ejecutor de la niña; no, sino su único redentor. La redimió y esparció la culpa al mundo, para que volviésemos los ojos por un segundo hacia la tragedia de Sudán y ayudásemos a esas criaturas a llevar su cruz olvidada. Carter no logró salvarla, pero es que eso ya (a unos más que a otros, desde luego) nos correspondería a todos. No sabemos hasta cuándo los opinadores y moralistas seguirán haciéndole pagar a Carter que nos diese ese aldabonazo y ese susto en la conciencia. De todos modos, los niños y los buitres seguirán estando allí. Aunque Carter ya no esté para retratarlos".

Poniendo blanco sobre negro

En todo caso, detrás de las fotos hay hombres, periodistas, que descubren que la Historia no son largas crónicas producidas detrás de un escritorio. Necesitan estar allí, en el desastre, y percatarse para siempre de que los hechos no pueden tener sólo un perfil objetivo, que necesariamente hay que ocupar un lugar y, por incómodo que sea, posicionarse de forma crítica ante la injusticia.

¿Qué clase de miserable puede mantenerse objetivo frente al hambre de la nenita sudanesa, ante los gritos desesperados de un soldado malherido y la mirada impotente de sus amigos?

Un periodista, está claro, no puede adjudicarse facultades humanitarias en un conflicto, pero tampoco puede mantenerse al margen como un frío testigo observador de los sucesos.

La hipócrita posición objetiva del periodista no es otra cosa que un posicionamiento encubierto. Quizás, el más nefasto.

Es la asunción inconsciente de un lugar en la trinchera de la batalla, y no siempre del bando adecuado.

Nadie está libre de sufrir por lo que ve, ni el más avezado de los cronistas podrá jamás olvidar que algunas imágenes cambiaron su cabeza completamente, que lo marcaron para toda la vida.

Las imágenes son un efímero instante, el que elige el fotógrafo para obturar, pero detrás existe un largo proceso de asimilación de los hechos que impide mantener posturas terceristas. Ello es tan falso como suponer que la Historia con mayúsculas o con minúsculas puede escribirse desde los suburbios, marginalmente, sin involucrarse con lo que ocurre. Muchas veces, la mentira suele preferir la fachada de la objetividad en el periodismo, y es el traje que mejor le queda. Es sabido también que no tomar posición es una forma de asumir un rol en la contienda. Si la CNN es el modelo periodístico occidental en la actualidad, cómo soslayar entonces su papel durante la Guerra del Golfo cuando, bajo la entendible excusa de la censura oficial, transmitió todo el conflicto con sus cronistas desde un hotel y repitiendo los mensajes del Gobierno estadounidense, aunque algunos años después, durante los salvajes ataques aéreos de la OTAN sobre la población civil de Yugoslavia, mostró que no era otra cosa que una prolongación publicitaria del Departamento de Estado.

Imposible olvidar la limitada cobertura que hizo el canal de noticias de Ted Turner el día de los atentados terroristas sobre las Torres Gemelas de Nueva York: allí no hizo falta una recomendación del Pentágono para no mostrar víctimas y heridos en esa tragedia, para incentivar la sed de venganza a partir de un mensaje nacionalista extremo.

Entonces, bajo el falso argumento de evitar poner al aire imágenes que dramatizaran aun más la situación entre la población estadounidense, CNN y el resto de las principales cadenas de noticias se preocuparon por seguir al pie de la letra la estrategia de Washington.

De hecho, veinte días después del atentado en Nueva York, la misma cadena que tanto había cuidado la sensibilidad de sus espectadores ponía al aire, sin tapujos y en horario central, las terribles imágenes del desastre generado por un coche bomba en Cachemira. Al parecer, las secuencias de víctimas mutiladas por la explosión, tiradas en las calles de la zona que mantienen en litigio India y Pakistán, no sensibilizaban tanto a la teleplatea.

En ese momento, la CNN ya era el órgano oficial, era parte del engranaje propagandístico y defendía a rajatabla el discurso oficial, ese que vociferaba la misma tarde de los atentados el presidente George Bush ante las cámaras de televisión, desde un lugar bien seguro, claro.

La prensa estadounidense en general fue un puntal decisivo para alimentar los odios de un país históricamente victimario y ahora devenido en víctima, hasta tal punto que la revista *Time* llegó a señalar que, a partir de los ataques terroristas, Estados Unidos se encontraba "en uno de esos afortunados –y raros– momentos históricos en que es posible moldear el mundo a su antojo".

The New York Times, por su parte, no tuvo problemas en recordar que "cuando Washington se ha preparado para actuar en el pasado, frecuentemente ha sido obstaculizado por aliados de corazón blando". El famoso *The Washington Post*, por su parte, destacaba que ante cualquier resistencia a un ataque total contra objetivos civiles en Afganistán "si es necesario, hay que actuar solos".

Después de los defectos notorios que se marcaron en la cobertura periodística durante la Guerra del Golfo, repetidos en la invasión a Yugoslavia, el ejemplo del ataque sobre Afganistán terminó por ratificar una línea evidente de conducta en una prensa que asumió, sin resquemores, su papel en la contienda. Desde el patético "frente de batalla" (léase, desde la cálida habitación de un hotel pakistaní), los empleados de CNN difunden comunicados oficiales con el membrete del Pentágono sobre los supuestos campos de entrenamiento militar de enemigos (léase fundamentalistas entrenados y armados por la CIA en un país casi medieval), mientras en las pantallas de televisión aparecen una serie interminable de lucecitas verdes que van y vienen.

Eso es la guerra para CNN desde hace mucho tiempo, eso es la guerra y no sorprende.

Según señala el escritor argentino Víctor Ego Ducrot:

"La CNN es una cadena privada que comparte satélites con el Pentágono y que, a mediados de la década del noventa, coordinó horarios con las fuerzas norteamericanas de invasión a Somalia, para que los marines tocasen tierra africana a la hora del principal telediario de la jornada".

Difícil entonces que pueda sorprender a algún desprevenido que el jefe del servicio de comunicación interna de la prestigiosa BBC británica, en relación con las imágenes de palestinos festejando alborozados la tragedia de los atentados del 11 de septiembre en Nueva York difundidas por la CNN, afirme lo siguiente desde Londres:

"Nosotros tenemos en nuestra videoteca la misma película filmada en 1991, con exactamente las mismas imágenes".

Los muertos para la prensa nunca son iguales. No lo fueron las víctimas civiles de los bombardeos en Bagdad y en Belgrado, porque esos misiles provenían del mundo occidental, del lado de los buenos, como se animó a definir el presidente Bush. Aquella prensa que asumió su función de títere de los mandatos del Pentágono sacrificó para siempre su papel de observador de un conflicto para convertirse en una herramienta bélica importantísima para las fuerzas estadounidenses.

La propaganda sigue siendo una de las tres columnas en las que se sostiene todo el andamiaje de poder de Estados Unidos durante los últimos años, en un mismo nivel de relevancia que el armamento bélico y el dinero.

Como quedó crudamente evidenciado en los atentados contra el World Trade Center, podrá fallar alguna vez el supuestamente inexpugnable sistema de seguridad estadounidense, pero es seguro que jamás fallará la gigantesca estructura publicitaria.

Una labor casi antinatural

"¿Contra quién eres neutral?", se preguntaba muchas décadas atrás el genial escritor Mark Twain, reconocido luchador contra el naciente imperialismo del gran país del norte a finales del 1800. De eso se trata, entonces.

Ante este marco, en cada conflicto puntual, si el periodista en general no logra consustanciarse con el contexto, vibrar ante cada salto, gozar en cada tregua, sufrir en los peores momentos..., entonces estaremos en presencia de la victoria total del escepticismo, y la distancia entre los hombres y las máquinas se habrá contraído como nunca antes.

En ese momento, será tiempo de olvidar para siempre las crónicas del propio Mark Twain durante la guerra contra Cuba y Filipinas, o las páginas que dejó Ernest Hemingway sobre la convulsionada Cataluña. Habrá que enterrar sin dudar el ejemplo de John Reed durante la ofensiva revolucionaria en la Rusia zarista.

La foto de la niña y el buitre de Kevin Carter habla; la anécdota de Pérez Reverte no puede olvidarse.

Uno de los sobrevivientes del Bang Bang Club, João Silva, recordó que a fines de 1994, cuando trabajaba en Afganistán para registrar el ataque de los tanques rusos sobre la ciudad de Kabul, observó cómo desde los escombros un hombre suplicaba ayuda para su hijo herido. Y Silva no dudó. Cargó a ambos en su camioneta y los acercó al hospital más cercano.

Luego dijo:

"Hubiera tardado un segundo en sacarles la foto, pero no lo hice. En otro momento hubiera fotografiado primero y quizá, sólo quizá, habría tratado de salvar al niño después. Nunca me había sucedido antes: de alguna manera, que ese chico muriera delante de mí hacía que todo lo demás pareciera insignificante".

La historia de Silva siguió en la guerra de los Balcanes, en Chechenia, en Oriente Próximo y en buena parte de África. Durante 2010, sus destinos fueron Irak y Afganistán, donde trabajaba para *The New York Times*. En la localidad de Arghandab pisó una mina y voló por los aires. Salvó su vida de milagro, pero perdió ambas piernas y ahora debe usar unas prótesis.

Poco antes del accidente había explicado:

"Realmente hay una necesidad de mostrar lo que está ocurriendo. A veces lo hacemos corriendo un verdadero riesgo. Si estamos en una unidad marina o naval y ellos están recibiendo disparos, nosotros estamos recibiendo disparos. Los soldados con los que vamos nos comprenden. Pero creo que el público en general tiene una idea muy distorsionada de lo que hacemos. Es verdad que a veces somos insensibles. A veces, nos vemos obligados a pisar algunos cadáveres para hacer una foto o charcos de sangre. Pero haciendo eso intentamos mostrar al mundo la realidad de la situación a la que nos enfrentamos. Puede que no cambies el mundo con tus imágenes –de hecho, creo que nunca he visto una imagen que haya cambiado el mundo–, pero si has cambiado la opinión de alguien, creo que ya has logrado algo".

El antes y después del propio Silva puede ejercer perfectamente de modelo para el de tantos otros que, ante el violento discurrir de la Historia, deciden saltar las barreras y romper sus propios cercos. Y allí, en tantas miles de historias con minúscula, eligen ser protagonistas, aun como testigos. Aun como periodistas.

Silva propone, como conclusión, sus propias dudas:

"El proceso real de hacer fotos es muy simple. Pero el proceso intelectual es muy complejo. La razón por la que lo hacemos es compleja. No hay forma de simplificarlo. No somos máquinas. Tienes que vivir contigo mismo después de todo. Vamos a las zonas en guerra, vemos el sufrimiento de la gente. Es casi antinatural. Se ha convertido en una norma aceptada en la sociedad porque registramos la historia. Pero la mayoría de la gente me dice que no podría hacer lo que nosotros hacemos. ¿Cómo podrías soportar hacer una foto mientras alguien sufre? La gente quiere una respuesta simple y concisa. No existe una respuesta sencilla de una sola frase. Pero uno tiene que creer que está allí por una razón mayor".

Capítulo 4
Joe Sacco
Sarajevo y Gaza en una viñeta

En las embarradas calles de Gaza, casi una ciénaga después de una tarde lluviosa; en el techo de chapa de las casillas, sostenido con ladrillos para que el viento no se los arrebate; en el rostro cansado de derrotas de los viejos, en los ojos irritados de indignación y rebeldía de los jóvenes, en la sonrisa enorme de todos los muchachitos que se asoman en cada esquina... En la prepotencia armada de los colonos judíos, opresores y racistas; en la calidez como anfitriones de los palestinos, siempre dispuestos a ofrecer una taza de té bien azucarada...

¿En qué imagen detenerse? ¿Qué viñeta nos permite visitar, a través de las páginas de Joe Sacco, los rincones olvidados de Rafah o de Cisjordania, los recuerdos arrebatados de cada palestino, el murmullo de rabia que hierve junto al fuego en cada pequeño hogar, el grito de bronca en cada indignación? Detengamos la mirada en una de sus historias, una apenas, que nos permita comprender mejor el valor del trabajo de este cronista maltés.

Se trata de uno de los últimos episodios de su serie *Palestina, en la Franja de Gaza*, y fue publicado en 2002. En la secuencia, el cronista es testigo de una escena que persiste en su memoria y que elige titular "Un niño bajo la lluvia". En ella, un grupo de soldados israelíes detiene a un muchachito (nuestra argentina y afectuosa palabra *pibe* lo definiría tal vez mejor, sin quitarle su valor universal), un palestino de unos doce o trece años, en una esquina. Llueve a mares sobre Jerusalén, por eso los militares se refugian bajo un toldo. Pero el niño queda solo bajo la intensa lluvia. Le ordenan que se quite el *keffiyeh*, lo interrogan, lo observan con un desprecio añejo. El "pibe" espera, bajo la lluvia, que los hombres armados de Israel terminen con la afrenta.

"Un niño bajo la lluvia... ¿Y en qué estará pensando? ¿Que un día habría un mundo mejor y esos soldados y él se saludarían como buenos vecinos? ¿O, simplemente, que un día...? ¡Un día...!".

No era la peor humillación a la que asistía el cronista como observador privilegiado. Tampoco el episodio más traumático en el que pudo ver en acción la distancia entre opresores y oprimidos, en ese campo de concentración gigante a orillas del Mediterráneo llamado Gaza, una de las zonas más densamente pobladas del planeta, allí donde respiran 1.4 millones de palestinos en un territorio de apenas cuarenta kilómetros de extensión por doce kilómetros de ancho. Era uno más, uno entre tantos otros de los que eligió dibujar en su extraordinario relevamiento gráfico. Pero no había otra historia mejor para cerrar la saga, para intentar comprender la raíz de los abusos y las miserias del poderoso, para terminar de asimilar el trasfondo de tanta violencia y bronca por parte del oprimido.

El aporte de Joe Sacco fue encerrar la tragedia palestina dentro de los límites de una historieta, hasta transformarlo en el mejor y más completo registro periodístico de la realidad de ese pueblo castigado, donde lo visual se entremezcla con la narración autobiográfica y los recuerdos emotivos en *flashbacks* de sus entrevistados, y donde la trastienda de su propia investigación se hace casi tan interesante como el registro histórico de un conflicto que aún hoy perdura. Para Joe Sacco no existe otra herramienta mejor para contar estas tragedias que la historieta. Para el analista español Francisco Veiga la obra de Sacco es la culminación del relato del corresponsal de guerra tradicional:

"Sacco le añade otro ingrediente a su obra: el relato del viajero. Ello explica que este autor no vaya a buscar información como un periodista al uso: no llega, mira, pregunta, se marcha y vende su producto a la redacción. Él se queda, vuelve una y otra vez, asimila el terreno, se documenta, hace prolijos bocetos de deta-

lles de formas de vida: en torno a la estufa, fiestas, bares y bare-
tos, reuniones melancólicas y juergas frenéticas. Es por ello que a
Sacco le interesan mucho las vivencias ajenas, las personas. Pero
sobre todo, la realidad, la historia, lo que sucedió [...] pero a través de los ojos de esos personajes. Este esquema de cajas chinas
(una narración dentro de la otra) es uno de los componentes más
característicos de su obra. En realidad, lo importante para Sacco
es el ambiente que describe el personaje, porque a pesar de que los
hechos puntuales puedan ser ficticios, éste nunca es mentira en
sí mismo. Por lo tanto, en los relatos de Sacco juega un tortuoso
tinglado de interacciones. El relato nos ayuda a comprender a los
personajes, pero el perfil de los personajes nos ayuda a entender
lo que ocurrió".

Oprimidos y opresores

Pero dejemos hablar al propio autor, nacido en la isla de Malta
en 1960:

"La objetividad es una ilusión. ¿Qué significa ser objetivo cuando hay un pueblo oprimido y otro opresor? No soy objetivo, pero
sí trato de ser honesto: no todos los oprimidos son ángeles, pero
eso no impide que sigan siendo los oprimidos. Para un periodista,
mantener la objetividad es muy difícil en ciertas circunstancias.
Siempre que vea sufrimiento lo juzgaré y diré que está mal. Mi
simpatía siempre estará con el que sufra. Pero no estoy aquí para
mediar y aceptémoslo. Mi cómic arrebatador depende del conflicto. La paz no va a pagarme el alquiler".

Sacco pasó los años de su infancia en Australia y los de su
adolescencia en Oregon, Estados Unidos, donde se graduó
como periodista en 1981. Pero lo suyo, desde siempre, fue la
historieta.

Publicó sus primeras planchas en publicaciones como la míti-
ca *American Splendor* o en la editorial alternativa *Fantagraphics*,
y persiguió durante años su propio estilo como ilustrador. Hasta
que decidió no quedarse a esperar ("Los medios no hacían más

que decirme que no les interesaba mi trabajo", comentó después) y salir a la aventura; no detenerse en las fronteras incómodas del periodismo o del cómic, para tomar lo más útil de cada género y lanzarse a cimentar su propia huella como cronista.

A principios de los años 90, los medios estadounidenses difundían una imagen distorsionada del conflicto generado por la Intifada palestina, y por eso él fue a la caza de la verdad al corazón mismo del conflicto.

Según recuerda ahora:

"Me sentía impulsado a ir, sentía que de alguna manera era mi deber. Si fuera director de cine habría filmado una película, pero soy autor de cómics, así que mis pensamientos se ajustaron a las formas de la historieta".

Atento al detalle mínimo, siempre estuvo interesado en dotar a sus personajes de una humanidad singular, capaz de construir una obra que elude los rótulos clásicos y que puede leerse con el mismo interés que un diario de viaje o como una crónica periodística pura. Sacco llama a sus disparadores *sugestiones visuales*, y explica:

"Hago decenas de entrevistas, como cualquier periodista. Sin embargo, lo que necesito son sugestiones visuales, así que a veces planteo a mis fuentes preguntas muy raras, del tipo: '¿cómo ibas vestido?'. No paro de tomar fotos de los mismos detalles: un coche, una casa; a la hora de representarlos no quiero inventar nada. Dibujo sólo cuando no es recomendable sacar la cámara, en los *check point*, por ejemplo. Los soldados israelíes no agradecen las fotos, entonces esbozo con el bolígrafo. Cada vez que cruzo voy añadiendo detalles. Primero paso las grabaciones y ordeno todo mi material. Luego, por fin, arranco. Sin esperar. No quiero que se me vaya de la boca el sabor de las historias".

Inteligente para evitar las formas básicas del panfleto, para sacar provecho de sus propias dudas y para poner en cuestión cada una de sus afirmaciones, honesto para desmitificar también al oprimido y para dibujarlo con sus contradicciones y dobleces, hábil para hacer brotar el humor, la autoparodia y la ironía a través de un estilo caricaturesco y en mitad de paisajes terribles y conmovedores, Sacco se perfila hoy como uno de los referentes obligados del periodismo en tiempos de guerra... aunque su trabajo esté limitado a la viñeta.

Según explica este autor surgido del *underground* estadounidense:

"Hago cómics periodísticos porque es la mejor manera de unir mis dos pasiones: la historieta y el periodismo No tengo ninguna teoría que me permita explicarlo. Sencillamente, siempre me he interesado por la actualidad, y a veces suceden cosas en el mundo que me impelen a hacer algo al respecto. Y lo más útil que se me ocurre es ir allí e informar qué es exactamente lo que está pasando".

Las marcas de un *outsider* del cómic alternativo como Robert Crumb, del pintor y grabador belga Pieter Brueghel y del británico George Orwell en sus tiempos de corresponsal de guerra durante la Guerra Civil Española se entremezclan en Sacco como influencias, pero también como límites a dejar atrás con su trabajo, una plena fusión de lo mejor de cada uno.

Según apunta con justeza:

"Los cómics son un medio fantástico para presentar información compleja. La historieta es un medio popular, y me gusta el modo en el que consiguen que haya gente que lea cosas que ignorarían normalmente en cualquier otro formato. Cuando volví a Palestina y les mostraba mi libro, ellos veían lo que estaban viviendo. Si hubiera sido prosa, no habrían sabido lo que yo hacía. Gracias a que era un cómic, lo entendían al momento".

La voz de los olvidados

Como para todo gran investigador, los territorios de Sacco son limitados. Palestina y Bosnia Herzegovina son los principales, y según explica:

"Es que, una vez que has comenzado a meterte en esas historias, en esos mundos, comienzas a cortar cada vez más cerca del hueso, a ir cada vez más profundo. Es difícil llegar a ese nivel empezando de cero en otro lugar".

Esas dos regiones han sido desde siempre el escenario de sus trabajos gráficos más relevantes. Sobre la guerra en la ex Yugoslavia, Sacco publicó *Gorazde, zona protegida* (2001), donde apunta la mirada a un enclave musulmán (supuestamente protegido por Naciones Unidas) después del desastre provocado por la fragmentación de los Balcanes.

Para el analista Ignacio Illarregui, el trabajo de Sacco en Gorazde es un acercamiento inédito a un conflicto desconocido en el resto del mundo:

"Decía Hugo Pratt que el cómic es el cine de los pobres. Como, a diferencia de Sarajevo, en Gorazde no hubo cámaras que pudieran contar lo ocurrido, Sacco exprime al máximo su talento como periodista gráfico y utiliza el dibujo para ilustrar los testimonios recogidos. Con un aire expresionista muy apropiado para la situación y utilizando abundante material fotográfico como inspiración, relata con pulso firme la historia de esas personas que, en el fondo, son la historia de un pueblo que fue vilmente masacrado mientras la comunidad internacional hacía oídos sordos a su sufrimiento. Como buen periodista, se limita a contar los testimonios y obvia muchas veces cualquier comentario personal que pueda merecerle la situación, dejando al lector los elementos de juicio suficientes para que se forme una opinión. Es cierto que no consigue ser plenamente objetivo, pero nadie puede serlo en esas situaciones".

Con respecto a la experiencia de trabajar en Bosnia, el propio Sacco detalla la etapa en la que eligió trasladarse a la región:

"Cuando llegué a Sarajevo a finales de septiembre de 1995, los bombardeos y los francotiradores prácticamente habían desaparecido, aunque la matanza en otros lugares del país continuó hasta un alto al fuego a mediados de octubre. Permanecí en Bosnia hasta principios de febrero de 1996, momento en que ya se había firmado un acuerdo de paz formal y se iniciaba una difícil posguerra".

Más tarde profundizó la mirada con *El mediador. Una historia de Sarajevo* (2004) y con *Bosnia. El final de la guerra* (2006), donde elige detenerse en los bordes del conflicto, detrás de la sombra de un enigmático personaje o a partir de la historia de vida de Soba, un artista callejero y gran juerguista marcado para siempre por las ruinas en una región devastada. Éste le confiesa sobre aquel día en que comprendió cabalmente el significado de la guerra civil en su patria:

"Recuerdo que eran las 4 de la mañana. Estaba tomando café cuando empezó el bombardeo. Fue un verdadero infierno, el día más largo de mi vida [...] Me agarré a las raíces de los árboles porque la gente salía volando por los aires. Me quedé sordo durante diez días. Se enterró a la gente en sus trincheras. Murieron trescientas personas en dos días".

Después siguen la necesidad de quemar todos sus libros para permitirse un rato de calor en el invierno, las dudas de los jóvenes y su negación a combatir por una guerra que no era la suya, la locura de muchos sobrevivientes, su trabajo como plantador de minas bélicas, el rechazo de cualquier chance de abandonar Sarajevo aun en las peores condiciones...

El personaje de Soba es el guía que traslada a Sacco a lo largo del desastre de la guerra, pero lo hace caminando por los márgenes, contando pequeñas anécdotas plenas de ironía y despojadas de imposturas heroicas. Hay dolor en sus palabras, pero también hay alegría de vivir y ganas de volver a empezar:

"Todos quieren que acabe la guerra. En el lado serbio también, nadie quiere combatir. Mi familia era comunista, mi padre era musulmán, mi madre es serbia. Ellos me educaron. Sigo sin poder odiar. Me educaron en la política de Tito, hermandad y unidad, tenemos que amarnos los unos a los otros. Es triste comprender que nunca volveremos a estar juntos".

Tomar al lector de la mano

Con *Palestina, en la Franja de Gaza* y después con *Notas al pie de Gaza* (2010), Sacco ensaya un método original que ya se ha transformado en otro signo de identidad: el lector no asiste a conclusiones deterministas, a hipótesis comprobadas y a finales cerrados, sino a todo el proceso de construcción del trabajo. "Entro en la escena para aclarar que soy filtro y lupa de la historia", advierte él, también personaje en sus narraciones gráficas.

Es decir, Sacco invita y hace cómplice al lector durante el trayecto, lo vuelve testigo de sus entrevistas, le advierte de sus propios prejuicios y flaquezas, lo hace confidente de sus dudas y preguntas, lo divierte con pequeñas anécdotas que permitan dibujar un perfil más completo de los palestinos y, en particular, lo propone como analista de una conclusión colectiva que él como autor no pretende imponer.

A partir de una cierta ingenuidad política que en sus primeros libros permitía al lector introducirse mejor en temáticas complejas, Sacco es la guía en ese viaje iniciático que es el suyo propio: un itinerario en pos de una verdad, de una explicación a un problema histórico sin solución a la vista. "Este libro es una manera de dar voz a los palestinos, mostrar sus vidas, mostrar que son seres humanos", afirma el historietista.

En *Notas al pie de Gaza*, Sacco regresa a los campamentos de refugiados, vuelve a visitar a viejos amigos y sigue el rastro difuso y olvidado de dos masacres contra el pueblo palestino ocurridas en 1956. La primera de ellas en Khan Younis, donde el ejército israelí ejecutó a unos trescientos civiles palestinos en una noche sangrienta; la segunda en Rafah, donde se repitió la misma inercia criminal, pero con sesenta víctimas como resultado final.

Para el prestigioso guionista británico Alan Moore, en el trabajo de Sacco en Palestina emergen algunos detalles singulares:

"La historieta autobiográfica se eleva por sobre la trivialidad de lo cotidiano, para abrazar el documental de viaje. Sacco detalla la vida con un despliegue de sensibilidad y un particular ojo para las ambigüedades morales".

A contramano de la opinión dominante en Estados Unidos (donde sus libros fueron prohibidos en algunas librerías y criticados duramente por referentes del sionismo), Sacco también debe remar contra la corriente de las críticas de los mismos jóvenes palestinos, quienes no entienden su tenacidad a la hora de rastrear un episodio antiguo cuando los abusos y las matanzas transcurren a diario en los territorios ocupados.

"¿Por qué escribe sobre 1956?", le preguntan a Joe. "Ahora es mucho peor, hasta lo dice mi padre", le explica un joven. "¡Aquí cada día es 1956!", le grita otro, indignado. Y él aclara:

"Al mismo tiempo, esos jóvenes no conocían su propia historia. Ni se daban cuenta de que, con el tiempo, eso que entonces era tan inmediato y urgente también iba a ser historia. Sobre eso trabajo ahora, sobre cómo no importa el año de lo que esté contando, el estado de situación en esa zona del mundo siempre es el mismo".

En esa dinámica que va a los saltos entre el pasado y el presente deambula el autor, siempre a mitad de camino entre los recuerdos imperfectos de una generación castigada y los acontecimientos urgentes que marcan el presente de los jóvenes, protagonistas de un tiempo de rebelión que parece a punto de estallar en cualquier momento.

Detalles que son centrales

En el prólogo de su último trabajo vinculado a Palestina, Sacco reflexiona:

"Ésta es la historia de unas notas a pie de página de un incidente secundario de una guerra olvidada. De una guerra que, en 1956, enfrentó a Egipto y a la extraña alianza de Gran Bretaña,

Francia e Israel. El incidente secundario son los ataques y contraataques a lo largo de la frontera de Gaza, entre guerrillas palestinas y fuerzas israelíes. Y las notas a pie de página... Bueno, tal como suele pasar, esas notas al margen quedaron relegadas, en equilibrio precario, al final de las páginas de la Historia. La Historia puede prescindir de las notas a pie de página. Las notas a pie de página son, en el mejor de los casos, innecesarias, y en el peor desvirtúan la parte importante del relato. De vez en cuando, al aparecer nuevas ediciones, más genéricas y racionalizadas, la Historia suprime completamente muchas de esas notas. La Historia tiene llenas las manos. No puede evitar generar páginas cada hora, cada minuto. La Historia se atraganta con sucesos recientes y engulle tantos de los antiguos como puede. ¿La guerra de 1956? ¿Qué?".

Eso es la historia de las masacres de Khan Younis y Rafah: una nota al pie de página de la memoria histórica, un sombrío asterisco en el libro negro de las grandes aberraciones contra los derechos humanos, disimuladas por el poderío y la complicidad de Estados Unidos y la Unión Europea. "Sembraron el odio en nuestro corazones", reflexiona uno de los entrevistados en las viñetas de Sacco.

Pero más allá del anclaje histórico que funciona como eje para la rigurosa investigación, el presente palestino se asoma en sus páginas como un estigma recurrente. Excavadoras israelíes que arrasan con las precarias viviendas en Rafah; la impunidad que irrumpe detrás de la ambigua ley de "presión física moderada" con la que los servicios secretos gozan de vía libre para torturar prisioneros; los soldados demorando a todos en los *check point* con un sadismo tras el cual no disimulan su desprecio; los asesinatos "selectivos" y las detenciones arbitrarias que forman parte del paisaje cotidiano para los habitantes de la Franja de Gaza son materia prima para el talento y el oficio de un cronista de su tiempo, más allá de los formatos que elija para publicar sus trabajos.

Es que la obra de Joe Sacco propone, además, abrir una discusión sobre las posibilidades del periodismo hoy, cercenado por los intereses de corporaciones y caudillos, y también por la subestimación de la crónica como herramienta inmejorable para contar historias. Y lo hace con un estilo marcadamente personal, acudiendo a la ironía como recurso, subrayando momentos de incomodidad y otros políticamente incorrectos, posicionándose en el relato como testigo pero también como protagonista "emotivo". La historia de la tragedia palestina siempre aparece tras el vidrio esmerilado de su propia mirada, tan subjetiva como cualquier otra.

Sacco apela a la crónica tradicional, pero le aporta elementos adicionales que permiten avanzar en la lectura y compenetrarse con el contexto a partir de ilustraciones que se apoyan en el detalle, en un gesto, en una sombra lejos del foco. Justamente, en todo aquello que el cronista de prensa en situación de conflicto soslaya o pasa de largo por las urgencias de "la noticia", por las consecuencias de una matanza. Joe Sacco se preocupa siempre por las causas. Hurga en la herida hasta que encuentra la raíz, hasta que puede reconstruir el inicio de aquel tormento inexplicable para sus lectores occidentales, ajenos a ese universo paralelo situado a miles de kilómetros de distancia.

Hacia adelante

En estos días, Sacco avanza en un trabajo titulado *Los indeseables*, donde se ocupa de relatar las desventuras de los inmigrantes africanos que viajan hacinados en bodegas con el sueño de llegar a Europa. Y los toma desde que parten del Continente Negro, plenos de ilusiones y de humillaciones en la espalda, hasta que terminan atrapados en el racismo y la xenofobia de la isla de Malta.

Cuando un cronista le pregunta si no extraña su viejo oficio de periodista, Sacco responde de inmediato, inquieto:

"Insisto: yo hago periodismo. Con el paso de los años soy mucho más consciente de lo que hago: periodismo tradicional de un modo nada tradicional. Lo único que echo de menos es estar algo más sobre el terreno, a pie de campo. El periodismo funciona porque la gente habla con otra gente y a mí eso me gusta. El periodista puede involucrarse en la vida de la gente desde múltiples puntos de vista, tiene acceso a informaciones que la gente corriente no tiene, y eso es un privilegio. Disfruto dibujando, pero echo de menos estar más donde surge la noticia".

Claro que se trata de un periodismo diferente. Un trabajo con la crónica en zonas de conflicto que impacta, en primer lugar, por el recurso de la ilustración:

"Los dibujos son interpretaciones, incluso cuando constituyen serviles representaciones fotográficas, generalmente entendidas como captaciones literales de algo real. Pero en un dibujo no hay nada literal. Un dibujante de cómics ensambla elementos deliberadamente y los coloca con intención en una página. Esta elección coloca al cómic en un medio inherentemente subjetivo. Un escritor puede describir alegremente un convoy de vehículos de la ONU como 'un convoy de vehículos de la ONU' y continuar con su relato. Un periodista de cómic tiene que dibujar un convoy de vehículos y esto conlleva muchas cuestiones. ¿Qué aspecto tienen esos vehículos? ¿Qué aspecto tienen los uniformes de las dotaciones de la ONU? ¿Qué aspecto tiene la carretera? ¿Y las montañas que la rodean?".

Pero más allá de los nuevos horizontes y de los debates que va dejando su oficio por el camino, a los lectores de Sacco nos quedarán, para siempre, Gaza y Sarajevo, los dos escenarios de un autor de talento inigualable.

El recuerdo de paisajes que no necesitan ensayos académicos o registros historiográficos; esas viñetas en las que aparecen muchachitos palestinos por todas partes, jugando sobre el barrial de sus calles, tragando con dignidad la humillación cotidiana de verse sometidos y soñando, cada mañana, con el día en que la lluvia no caiga sobre sus rostros cansados de tanto esperar.

Ellos, los "pibes" palestinos, los que buscan las piedras con la vista, los que cierran los puños con furia, los que mastican la bronca en silencio porque un día, un día...

Capítulo 5
LA DESPIADADA VERDAD DE LA GUERRA

Apenas se presentó como voluntario para soldado raso del ejército, lo rechazaron.

Las autoridades militares miraron despectivamente a aquel sujeto de treinta y cinco años que usaba lentes y estaba excedido de peso, que parecía frágil a simple vista. Pero Grossman no se conformó con el rechazo. Probó suerte en las oficinas del periódico *Estrella Roja*, medio oficial del Ejército soviético. Allí sí fue admitido, pero como corresponsal en el frente de batalla.

Y la guerra era, de alguna manera, la oportunidad de redimirse y de escapar por un tiempo del clima de persecución y paranoia que se respiraba en cada espacio intelectual en esa época.

Ya en marcha, viajó en tren hasta donde pudo (los aviones alemanes bombardearon el transporte), y luego siguió avanzando a pie sobre los rieles, en plena oscuridad, rumbo a Gomel, rumbo a las entrañas del combate.

"Soy como un niño en cuestiones de guerra", confesó luego, admitiendo su ignorancia en materia de estrategias bélicas y su dificultad para disciplinarse a las estrictas normas de la comandancia en materia de comunicación.

De ese modo comenzó Grossman a caminar las trincheras de la Gran Guerra Patriótica, en cada una de las batallas más importantes; conversando con los soldados rasos, ignorando los siempre triunfalistas informes oficiales para detener su mirada en los pequeños detalles, persiguiendo el rastro humano y sensible de cada hombre en la batalla, buscando historias conmovedoras y heroicas protagonizadas por jóvenes del pueblo, anotando con fidelidad la barbarie del desastre, pero también permaneciendo atento a los escasos pliegues de belleza y emoción, que de vez en cuando emergían en la resistencia civil contra los alemanes.

Hombres de acero... y de carne

Para ganarse la confianza de sus testimoniantes, Vasili elegía no tomar notas y apoyarse en su extraordinaria memoria para narrar episodios de forma cotidiana, donde no era la imaginación la característica destacable, sino su sensibilidad, como cuando registró la vida en las trincheras ("un olor que parece mezcla de una morgue y una herrería", diría) y la epopeya de los aviadores de Ziabrowski, que resistían los embates de los cazas alemanes desoyendo a la vez los comentarios triunfalistas de sus jefes. Éstos negaban la realidad aun cuando ella sobrevolaba sus cabezas.

Otra de las coberturas que acrecentaron su popularidad fue la que realizó sobre los francotiradores de la División de Fusileros siberianos, y sobre el terror de toda la oficialidad alemana por su puntería letal. Uno de ellos en particular, Vasili Zaitzev, se transformaría a partir de esas crónicas en un símbolo nacional. Su fama creciente le permitiría al Ejército Rojo utilizar su historia como instrumento de propaganda para estimular la moral de los reclutas.

"Zaitsev es un hombre reservado, del que los soldados de su división dicen: 'Nuestro Zaitsev es instruido y modesto. Ya ha matado a doscientos veinticinco alemanes".

Grossman construye, a partir del relato de Zaitsev, una historia épica del francotirador que diezma a la infantería alemana y, cuando puede, se carga también a algunas mujeres rusas que colaboran con los invasores. Pero del mismo modo pinta en sus retratos un perfil popular y ajeno a la heroicidad opaca. Es la semblanza de hombres comunes del pueblo que llegan a la guerra con sus modestas fuerzas, que se enfrentan a la adversidad y sólo entonces comprueban habilidades singulares que antes ni sospechaban. Pero no por eso olvidaban sus orígenes; aquella fascinación que sentían por acertarle un disparo al lobo que amenazaba su rebaño es la misma que tienen ahora cuando el que cae es un nazi.

Hubo otro de aquellos tiradores de precisión que ocupó espacio en sus crónicas, Anatoli Chejov. Él le explicó a Grossman los dilemas morales de aquel primer disparo contra un hombre:

"Cuando recibí el fusil no podía ni pensar en matar a un ser humano: un alemán estuvo allí durante cuatro minutos, hablando, y lo dejé ir. Cuando maté al primero, cayó de inmediato. Otro corrió y se inclinó sobre el muerto, y lo tumbé también... Cuando maté por primera vez me eché a temblar: ¡aquel hombre sólo iba a conseguir algo de agua!... Sentí miedo, ¡había matado a una persona! Entonces recordé a nuestro pueblo y comencé a matarlos sin piedad".

Lentamente, sus crónicas ganaron popularidad entre los soldados, que se reunían de a grupos para escuchar a uno de ellos leer en voz alta esas historias que hablaban de ellos mismos, como reconoció más tarde el escritor y soldado Viktor Nekrasov:

"Los periódicos con los artículos de Grossman eran leídos y releídos por nosotros hasta que quedaban hechos jirones".

Ese reconocimiento significaba que su correspondencia no era interferida y que podía zafar de la censura con facilidad, a partir de sus crónicas, donde daba cuenta del sentimiento patriótico, pero sin soslayar en ningún momento el aspecto humano en cada uno de los gestos de aquellos hombres jóvenes, decididos a entregar su vida por la defensa de su tierra. Incluso redactaba artículos polémicos, con temas prohibidos, como la deserción y el colaboracionismo, o como aquel en el que da cuenta de un oficial soviético que desoye las órdenes de sus superiores para preservar la vida de sus hombres durante una ofensiva tanquista, y consigue la victoria por seguir su instinto y sin bajas propias; y al mismo tiempo que es denunciado públicamente por su comisario político por insubordinación, en voz baja, el mismo comisario no puede evitar felicitarlo por defender su decisión en una instancia límite.

O también esa breve historia de dos soldados que, en la oscuridad total, se refugian en el cráter de un estallido y sólo cuando sale el sol descubren la verdad: uno es ruso, el otro es alemán. Pero se hacen cómplices del silencio y del miedo, salen de allí atentos a no ser vistos por sus superiores, y escapan rumbo a sus respectivos destinos, en un gesto humanitario de camaradería que poca gracia debe haber causado en la oficialidad soviética.

Nunca humillados

En este contexto, Grossman ensaya una y otra vez reflexiones profundas sobre aspectos centrales de la resistencia, como el tema de la valentía de esos soldados que, con menos recursos técnicos que sus enemigos, nunca descansan:

"Unos dicen que la valentía es el olvido de sí mismo, y que esto sobreviene con el combate. Otros cuentan que al realizar hazañas heroicas sintieron un miedo inenarrable y que solamente la fuerza de voluntad y su capacidad para saber dominarse les conminó a levantar la cabeza e ir al encuentro de la muerte. Otros sostienen: 'Soy valiente, porque tengo la convicción de que no me matarán'. Un capitán me decía que él, por el contrario, es valiente porque está convencido de que han de matarlo y por eso le da lo mismo morir hoy que mañana. Muchos consideran que el origen de la valentía es la costumbre [...] La mayoría piensa que es el sentimiento del deber, el odio al enemigo. Otros dicen que son valientes, porque creen que en el combate les están observando sus amigos, sus parientes, sus novias".

En ese contexto, Stalingrado fue el corazón de la guerra y el corazón de Grossman.

"Stalingrado ha ardido. Tendría que escribir mucho para describirlo. Stalingrado ha sido incendiada. Stalingrado está en cenizas. Está muerta. La gente está en los sótanos. Todo ha ardido".

Desde el 14 de septiembre de 1942, cuando los alemanes se lanzan a la conquista de la ciudad, el pueblo de Stalingrado asume el protagonismo y cumple con la orden del ejército: resistir hasta el último hombre, resistir casa por casa, en cada esquina, sin darle ni el más mínimo respiro al enemigo. La ciudad pagó un costo altísimo por esa decisión: dos millones de muertos. Pero así se rechazó al nazismo, que inició entonces su largo camino a la derrota final. Y Vasili describe con crudeza la imagen de aquella ciudad en ruinas, en el inicio de la lucha:

"Stalingrado vive y vivirá. Imposible quebrantar la voluntad del pueblo que quiere ser libre. La gente se ha acostumbrado enseguida a la guerra. Uno de los camaradas militares levanta del suelo un libro medio quemado: 'Humillados y ofendidos', lee en voz alta, mira a las mujeres sentadas sobre unos fardos a su alrededor y suspira. Una joven, comprendiendo el hilo de sus pensamientos, se le acerca y dice enfadada: 'Esto no tiene nada que ver con nosotros. ¡Hemos sido ofendidos, pero no humillados! ¡Nosotros nunca seremos humillados!'".

Una madre, todas las madres

A principios del siglo XX, Berdichev era una ciudad ucraniana que albergaba una de las comunidades judías más grandes del Viejo Continente. En ese lugar nació Vasili Grossman, en diciembre de 1905, hijo único de un matrimonio de judíos acomodados que no padecían los fríos del invierno ni el hambre de muchos de sus compatriotas.

El primer impulso de Vasili fue dedicar su atención a los estudios de ingeniería química en Kiev, para después establecerse en Donetsk y trabajar como inspector en una mina de carbón y como profesor de Química en un instituto médico. Cuando parecía que los rigores de la rutina consumían todas sus horas útiles, la literatura se asomaba cada tanto como el refugio elegido por Vasili para correr a un costado los problemas cotidianos y empaparse de esos pequeños relatos que gustaba tanto borronear en sus cuadernos.

El recuerdo de su pueblo natal fue el combustible necesario para su primer cuento, donde narra la historia de una comisaria de la caballería del Ejército Rojo durante la guerra civil. Embarazada y a punto de parir, ella encuentra refugio en la casa de un humilde matrimonio judío. Ese relato llamó la atención del escritor Máximo Gorki, quien desde entonces alentó las ambiciones literarias de Grossman. El segundo eslabón en la cadena fue la novela *¡Buena suerte!*, donde otra vez recurrió a sus impresiones como testigo para narrar la vida de los mineros de carbón en Ucrania.

Pero claro, cada tanto, la realidad también entraba por la ventana de la habitación de Vasili.

Ya en 1933 había sido interrogado por la policía debido a la detención de una prima suya, acusada del delito de ser "trotskista". Tres años más tarde, y a raíz de su matrimonio con Olga Guber, la compleja situación de persecución política volvió a golpear su puerta. Poco tiempo antes, Olga se había divorciado del poeta Boris Guber, arrestado y ejecutado en 1937 por efectivos del Comisariado Popular para Asuntos Internos (NKVD), y por ese vínculo ella fue detenida. Grossman no dudó a la hora de redactar una carta dirigida al temido director de la NKVD, Nikolai Iezhov, reclamando por la libertad de su esposa y aclarando que ya no mantenía vínculo alguno con su ex marido.

Su amigo Semyon Lipkin señaló:

"Sólo un hombre muy valiente se hubiera atrevido a escribir una carta como ésa al principal verdugo del Estado".

Y es cierto. No eran muchos los intelectuales que por esos años se atrevían a reclamarle algo a una reconocida autoridad de la política represiva stalinista. Pero la carta de Vasili, quien ya había sido invitado por Gorki para sumarse a la exclusiva Unión de Escritores Soviéticos, logró su cometido. Olga fue liberada en 1937.

Apenas Vasili recibió la primera noticia de la invasión alemana en territorio soviético, el 22 de junio de 1941, intentó viajar a Berdichev para traerse consigo a su madre. Pero finalmente lo desalentó su esposa, quien manifestó que no estaba de acuerdo con la idea, porque la casa en Moscú era muy pequeña. De cualquier modo, no eran muchos los soviéticos que podían prever el ritmo frenético de la ofensiva alemana. Y para cuando los nazis irrumpieron en Ucrania, en julio de ese año, todo era demasiado tarde. Como un estigma lacerante, durante toda su vida, Grossman nunca pudo perdonarse no haber hecho lo suficiente para sacar a su madre de aquel lugar donde los nazis perpetraron una masacre que costó la vida de treinta mil judíos. Entre ellos, la de Yekaterina Grossman, aunque recién se pudo confirmar la fatal presunción en 1944, con la retirada de las tropas invasoras.

Vasili escribió en una carta:

"Viajo todo el tiempo por zonas liberadas y veo lo que han hecho esos malditos monstruos a nuestros ancianos y niños. Y mamá era judía".

No sólo a su madre le dedica su mejor novela, *Vida y destino*, sino que en varias ocasiones le escribe cartas conmovedoras, plenas de esa sensibilidad que Grossman supo aplicar en sus crónicas de guerra. En una de ellas, anota:

"He tratado docenas o quizá cientos de veces de imaginarme cómo moriste, cómo caminaste hasta encontrar tu muerte. He tratado de imaginar a la persona que te mató. Fue la última persona que te vio viva. Sé que estarías pensando en mí en aquel momento [...] Puedo sentirte hoy tan viva como estabas el día en que te vi por última vez, y tan viva como cuando me leías de pequeño. Y mi dolor es todavía el mismo que aquel día cuando tu vecino me dijo que habías muerto, que no había esperanza de encontrarte entre los vivos".

En otra de aquellas desconsoladas esquelas, escrita veinte años después de la muerte de su madre, afirma:

"Te quiero, te recuerdo todos los días de mi vida, y mi dolor nunca me ha abandonado durante estos veinte años. Yo soy tú, querida madre, y mientras viva también tú estarás viva. Y cuando yo muera tú vivirás en el libro que te he dedicado y cuyo destino es tan parecido al tuyo [...] He llorado sobre tus cartas, porque tú estás en ellas: con tu amabilidad, tu pureza, tu vida tan amarga, tu equidad, tu generosidad, tu amor por mí, tu preocupación por la gente, tu mente maravillosa. No temo a nada, porque tu amor está conmigo y porque mi amor estará contigo siempre".

Sin poder resolver nunca la compleja maraña de la culpa, Grossman regresa al recuerdo de su madre una y otra vez en sus libros. Como perdido en el laberinto de un pasado imperdonable, donde la única salida es exorcizar aquellas sensaciones escribiendo sobre ellas, como en *Vida y destino*.

"Veo a mamá en mis sueños", confiesa en una carta, pero es en sus libros donde puede entablar un diálogo con ella, imaginar sus pensamientos en esas últimas horas, su sufrimiento final, su alegría secreta. En la novela, pone en la voz de uno de sus personajes femeninos una carta que bien podría haber sido escrita por su propia madre en las horas posteriores a la ocupación alemana en su pueblo:

"De repente vi un tanque y alguien gritó: '¡Los alemanes están aquí!'. Al principio tuve un miedo espantoso; comprendí que no te volvería a ver, y me entraron unas ganas locas de volver a verte, de besarte la frente, los ojos, una vez más. Entonces me di cuenta de la suerte que tenía de que estuvieras a salvo [...] Cerraba los ojos y me parecía, querido mío, que me protegías del horror que se avecinaba sobre mí. Pero cuando pienso lo que está ocurriendo, me alegro de que no estés a mi lado y que no tengas que conocer este horrible destino".

En el corazón del infierno

La derrota de los nazis y el inicio de su repliegue significaron también el avance de las tropas soviéticas desde Stalingrado hacia occidente. A la hora de despedirse de aquella ciudad heroica, Grossman escribe:

"Mañana diré adiós a Stalingrado y tomaré la ruta de Kotélnikovo y Elistá. Parto con un sentimiento enorme de tristeza, como si dijera adiós a un ser querido. Me ligan a esta ciudad sentimientos, pensamientos y emociones dolorosos e importantes, extenuantes, pero inolvidables. La ciudad se ha convertido para mí en una persona viva".

La contraofensiva en marcha requería, como paso natural, pisar los territorios ocupados por los alemanes hasta semanas antes y vivenciar desde cerca las masivas matanzas de judíos perpetradas en Kiev y en Berdichev. Sobre aquel repliegue desordenado en el que los nazis intentaban borrar cualquier vestigio de sus carnicerías humanas, Grossman anotaba indignado que todavía en Kiev un cordón de tropas rodeaba una tumba masiva donde habían arrojado a por lo menos cincuenta mil judíos:

"Ahora están desenterrando febrilmente los cadáveres para quemarlos... ¿Acaso son tan insensatos como para creer que pueden borrar sus tétricas huellas? Esas huellas han sido impresas para la eternidad con el fuego de las lágrimas y de la sangre de Ucrania. Y en la noche más cerrada se percibe su siniestro fulgor".

A su paso por tierras polacas, Grossman indagó en el testimonio de una decena de sobrevivientes de dos campos de concentración de Treblinka, en lo que significó el primer registro periodístico del genocidio nazi en esa región, y por lo que sus anotaciones fueron utilizadas posteriormente como prueba de cargo contra los acusados en el Juicio de Nuremberg:

"El espíritu de economía, la exactitud, el cálculo, la pulcritud pedantesca son todos ellos rasgos plausibles que poseen muchos alemanes. Aplicados a la agricultura o a la industria, dan sus frutos. El hitlerismo aplicó estos rasgos al crimen contra la humanidad y las SS del Reich procedieron en el campo de concentración polaco exactamente como si se tratara de un cultivo de coliflores o patatas".

Grossman acompaña a las tropas soviéticas hasta que irrumpen en Berlín, en 1945.

De la desesperada defensa a orillas de Volga, pasa a la gloriosa ofensiva sobre el corazón del hitlerismo. La derrota nazi casi se puede oler en el aire de aquella ciudad que oculta sus miserias, que ahora intentará olvidar todo aquello que semanas atrás defendía con la pasión de sus armas. Y anota emocionado:

"Sentí el deseo de gritar y de llamar a nuestros hermanos combatientes que yacen en las tierras rusas, ucranianas, bielorrusas, polacas, a los combatientes que duermen el sueño eterno sepultados en los campos de batalla: '¡Camaradas! ¿Nos escuchan? ¡Hemos llegado!'"

Vasili festeja el triunfo soviético, pero no deja de mirar. Tampoco es indiferente al precio que pagan las mujeres alemanas por ese repliegue:

"Un alemán educado, cuya mujer ha recibido 'nuevos visitantes' [soldados del Ejército Rojo], explica con gestos expresivos y palabras rusas entrecortadas que ha sido violada hoy por diez hombres. La señora está presente".

La conciencia del mundo

De 1943 a 1946, Grossman se abocó a la tarea de registrar en detalle cada una de las matanzas contra los judíos de la región, en un trabajo por encargo del Comité Antifascista Judío encabezado por Albert Einstein, obra que con el tiempo recibiría el nombre de *El libro negro*. Sin embargo, cuando la labor escrita ya estaba terminada, las autoridades soviéticas se negaron a difundirla, en parte debido a que una porción de la investigación ponía el acento en el colaboracionismo de algún sector de la población rusa con el aniquilamiento judío. Los soviéticos destruyeron los originales, disolvieron el comité y apresaron a trece de sus miembros.

Recién en 1980 se publicó la primera versión del *El libro negro*, al que Grossman le había dedicado tres años de trabajo. Sobre el terror de los prisioneros en Treblinka, anota:

"Hoy los testigos han hablado y han clamado la tierra y las piedras. Y hoy, ante la conciencia del mundo, ante los ojos de la humanidad, podemos, de manera minuciosa, paso tras paso, atravesar los círculos del infierno de Treblinka, en comparación con el cual, el de Dante resulta un juego inofensivo e inocente de Satán".

Y en esas crónicas terribles, donde quedaba expuesto lo más rancio de la naturaleza humana, también había espacio para los resquicios de una bondad que aparecía cada tanto, que el corresponsal escuchaba en las anécdotas de los sobrevivientes y que su memoria guardaba hasta que podía anotarlas en su libreta, como la historia de la médica solterona que, prisionera y de camino a Treblinka, se encariña con un niño huérfano y lo adopta como un hijo propio, incluso rumbo a la cámara de gas. Y que, aun cuando puede zafar de una muerte segura con tan sólo confesar que era doctora, elige guardar silencio y compartir ese final abrazada al niño.

Grossman anota con aguda sensibilidad en ese final la belleza de la naturaleza humana, en peligro por la barbarie de la guerra:

"El niño, con su ligero cuerpo de pájaro, se marchó antes que ella. 'Me he convertido en una madre', pensó ella. Fue su último pensamiento. Su corazón, con todo, todavía contenía vida: se contrajo, le dolió y sintió pena por todos ustedes, vivos y muertos. Sofya sintió una oleada de náusea. Se apretó contra David, ahora un muñeco; se murió, una muñeca".

Si bien Grossman iba zafando cada vez por menos de las purgas del stalinismo gracias al prestigio que había ganado durante la guerra (y que le valió incluso una condecoración), estaba claro que los observadores del régimen lo tenían en la mira.

Su novela *Por una causa justa*, un compendio de sus crónicas en el frente de batalla, que ponía el acento en el heroísmo del pueblo ruso, fue prohibido por las autoridades y recién se difundió en 1952, después de pasar por las inevitables tijeras de la censura. En ese mismo año, cuando ya llevaba dos años de trabajo con *Vida y destino*, se produjo un hecho significativo que marcaría el destino de Grossman.

Desde el oficialista *Pravda* se denunció una supuesta conspiración organizada por un grupo de médicos judíos que tenía como objetivo el asesinato de Stalin. La respuesta de la intelectualidad del régimen fue preparar una campaña de firmas para exigir la pena de muerte a los acusados de participar del complot. Entre centenares de firmas y sin margen para zafar del compromiso, Grossman estampó la suya al pie del documento. Supo de inmediato que había cometido un grave error, pero de allí en adelante debió cargar con el pesado peso de la culpa por haber cedido a las presiones y aportado al final de prisioneros que sabía condenados injustamente.

Atormentado desde siempre por la necesidad de defender la verdad como bien más preciado, en más de una ocasión en sus obras posteriores volvería a referirse al tema, avergonzado por su decisión. De hecho, en *Vida y destino*, un personaje atraviesa una situación similar a la suya, y deja un reflejo de su arrepentimiento en una reflexión:

"¿Con qué fin había cometido ese terrible pecado? En el mundo todo era insignificante comparado con lo que había perdido. Nada valía tanto como la verdad, la pureza de un pequeño hombre, ni siquiera el imperio que se extendía del océano Pacífico al mar Negro, ni tampoco la ciencia [...] No buscaría consuelo ni justificación. Aquel acto torpe, vil, bajo, le serviría de eterno reproche: se acordaría de él noche y día".

Un libro prisionero

La historia detrás de *Vida y destino* es casi tan interesante como aquella que se relata en sus más de quinientas páginas. Vasili trabajó en ese libro diez años de su vida, y lo terminó en 1960; es decir, cuatro años después de la muerte de Stalin, en pleno proceso de deshielo encabezado por la gestión de Nikita Kruschev.

Entusiasmado por lo que parecía una revisión profunda y real de los errores y desviaciones del stalinismo, Grossman desestimó el consejo de sus amigos y envió el manuscrito de su novela a los editores de la revista *Znamya* para que analizaran su publicación. Apenas lo empezaron a leer, el texto pasó de los editores a manos de los agentes de la KGB. Y el 14 de febrero de 1961, tres agentes llegaron a la casa de Grossman para secuestrar todas las copias del libro, sus apuntes personales y hasta el papel carbónico y las cintas de su máquina de escribir, sin ofrecer ni la más mínima explicación.

Un año después, cansado de esperar alguna respuesta por su libro secuestrado, un desesperado Grossman decidió escribirle una carta al mismísimo Kruschev, exigiendo su devolución:

"He llegado a la conclusión de que mi libro no contiene mentiras. He escrito lo que consideraba y sigo considerando como la verdad, y sólo he descrito lo que he meditado, sentido y vivido. Mi libro no es un libro político. En cuanto me lo permitieron mis limitadas capacidades, he hablado de seres humanos, sobre sus tristezas, sus alegrías, sus errores y su muerte. He escrito sobre el amor para con los hombres y compasión con los hombres [...] Amo este libro como un padre ama a sus hijos. Robarme mi libro es como robarle a un padre su hijo [...] Le ruego poner en libertad mi libro. Sigo creyendo que he escrito la verdad, por amor y compasión, porque creo en los hombres".

La respuesta oficial del Gobierno estuvo a cargo de Mijail Suslov, uno de los hombres clave de la cultura del régimen, en una carta que no tiene desperdicio, porque al mismo tiempo que aniquila las esperanzas del escritor de recuperar su libro, no puede negar su extraordinario potencial histórico al subrayar que su novela no sería publicada sino hasta pasados doscientos años.

Dice Suslov:

"En su carta solicita que se publique su novela *Vida y destino*. Eso es imposible. Usted dice que su libro está escrito con sinceridad, pero la sinceridad no es el único requisito para la creación de una obra literaria en nuestros días. Su novela es hostil al pueblo soviético; su publicación perjudicaría no sólo a nuestro pueblo y al Estado soviético, sino a todos los que luchan por el comunismo fuera de la Unión Soviética. La novela beneficiaría a nuestros enemigos [...] Considera usted que hemos violado el principio de libertad. Si es así, entiende la libertad en el sentido burgués. Pero nosotros tenemos otra noción de libertad [...] Nuestros escritores deben producir sólo lo que el pueblo necesita, lo que es útil a la sociedad. Todos los que han leído su libro coinciden en su valoración: lo consideran políticamente nocivo para nosotros. ¿Por qué deberíamos añadir su libro a las bombas atómicas que nuestros adversarios preparan contra nosotros?".

Por suerte, días antes de la requisa, Grossman tomó la precaución de entregarle una copia a dos de sus amigos, quienes se encargaron de fotografiar página por página y hacer microfilms con el manuscrito, para facilitar su traslado y evitar ser detectados. A finales de la década de 1970, la especialista en literatura eslava Rosemarie Zigler consiguió hacer pasar los microfilms por la frontera y se los entregó a dos filólogos rusos en el exilio.

Si bien deficiente, esa reconstrucción fue la que permitió que, en 1980, una primera versión de *Vida y destino* fuera publicada en Suiza y después traducida a varios idiomas, hasta llegar por primera vez a Moscú en 1988. Entonces sí, con la Perestroika de Gorbachov en su apogeo, la versión original que había sido confiscada salió de los archivos secretos de la KGB y pudo ser editada en Moscú en 1990.

Esa edición fue la que tuvo un enorme suceso en todo el mundo y la que permitió definir a Grossman como el gran escritor ruso del siglo XX, el legítimo sucesor de Leon Tolstoi en la literatura de su patria.

En *Vida y destino* escribe:

"El destino conduce al hombre, pero el hombre lo sigue porque quiere y es libre de no querer seguirlo. El destino guía al hombre, que se convierte en un instrumento de las fuerzas de destrucción, pero cuando eso sucede no pierde nada; al contrario, gana. Éste lo sabe y va allí donde le esperan las ganancias; el terrible destino y el hombre tienen objetivos diversos, pero el camino es uno solo".

La verdad y la vida

La verdad era su gran obsesión, lo fue siempre, y en cada oportunidad lo dejaba reflejado en sus anotaciones. Sabía de las dificultades de trabajar con la verdad como herramienta, pero no toleraba ninguna otra salida:
Sobre ella, por ejemplo, escribió:

"La verdad es una. No hay dos verdades. Es duro vivir sin verdad, o con migajas de verdad, con una verdad recortada y encogida. Una verdad parcial no es una verdad. En esta noche tranquila, digamos toda la verdad, sin restricciones".

En sus últimos años, el hombre que había dado cuenta de los heroísmos (bélicos y humanos) en el frente de batalla no abandonó la escritura y dedicó su tiempo a desnudar las miserias del stalinismo sin apartarse de sus convicciones, sin dudar del marxismo como herramienta de estudio de la realidad y sin perder esperanzas en esa revolución proletaria que, en manos de la burocracia, se había transformado en un monstruo deforme.

Cuando *Vida y destino* comenzó a difundirse en todo el mundo, para Vasili Grossman ya era demasiado tarde. Murió en 1964, atormentado por la culpa y por la crueldad de esa verdad tan anhelada y tan temida, visitado cada noche por los fantasmas de la guerra y devastado por la certeza de su destino: no ver jamás a sus compatriotas leer su legado más valioso.

En una de las páginas finales de *Vida y destino*, había anotado:

"En momentos como aquel, el hombre percibe la luz, el espacio, el susurro, el silencio, los olores dulces y las caricias de la hierba y las hojas en su hermoso conjunto: todas aquellas centésimas o, tal vez, milésimas y millonésimas partes que componen la belleza del mundo. Aquella belleza, la auténtica belleza, sólo quiere transmitir al hombre un mensaje: la vida es un bien".

Capítulo 6

IMÁGENES DE UNA DERROTA

"Si la foto no es lo bastante buena, es porque
no estás lo bastante cerca."

Robert Capa

Dos fotos. Cuántas historias se pierden detrás del dato preciso: una, Cerro Muriano, 5 de septiembre de 1936; la otra, Barcelona, 19 de julio de 1936. Cuántos detalles oculta un nombre, un nombre cualquiera, que perdura en el tiempo: una, "*Falling soldier*", o "Miliciano que cae", o "Miliciano herido"; la otra, "Barricada en calle Diputación". Cuántas voces encierra una foto: la voz del reportero Robert Capa, la del miliciano Federico Borrell García, "Taíno". La voz del fotógrafo Agustí Centelles, la del guardia de asalto Mariano Vitini. Cuántas polémicas acumulan, cuántas heridas sintetizan, cuántas injusticias desnudan estas dos inolvidables fotografías.

En una imagen, la silueta de un miliciano se dibuja por sobre un leve declive en la llanura, y su cuerpo comienza a derrumbarse. Lo han herido. Detrás, el cielo cobrizo potencia el dramatismo de la escena. No surge otra figura en el recorte de la foto, pero una bala es la culpable de la caída del soldado.

En una fracción de segundo, el miliciano abre sus brazos, su fusil parece a punto de caer y sus ojos se cierran. La sombra espera a su dueño en el piso del cerro. El fotógrafo ha logrado captar el instante preciso, el final de la carrera, el impacto de bala, el principio del fin para el miliciano herido.

En la otra imagen, los disparos ya se han cobrado la vida de dos caballos, improvisada barricada para la defensa de tres guardias de asalto. Aparecen dos uniformados y uno, en primer plano, en camiseta. Este último dispara apoyando el fusil contra uno de los animales para mejorar su precisión, pero uno de los caballos, el de abajo, parece resistirse a la escena. Levanta el cogote, lucha por zafar de tan difícil posición. La sangre tiñe de rojo la calle. Uno puede hasta escuchar el fragor de la balacera.

Cada foto encierra en sus entrañas una vida propia, pero también dispara historias de aquellos que se cruzan frente al lente del reportero en el momento justo. En ese efímero instante, sus vidas se congelan en la furia de una escena violenta, para transformarse en registro histórico.

Ni fotografiados ni fotógrafos lo saben, pero esas imágenes ya no les pertenecen.

Ahora son propiedad del futuro. Son puro presente cuando un observador, en cualquier parte el mundo, se detiene en ellas, y revive, en un mágico momento, voces y ráfagas de una guerra.

La valija de Agustí

Un rato una mano, después la otra. Una pesada valija y el camino adelante. Atrás, nada, la noche, los ruidos apagados, la silueta brumosa de los Pirineos nevados. Pero ya no había atrás para Agustí. Apenas el camino, un rato una mano, después la otra. La valija ganando peso con cada metro, las manos moradas por el frío, el aliento dibujado contra el granizo. Y el silencio, apenas interrumpido por sus jadeos, por los pasos rastreros y ese dolor en los brazos…

Ya no había atrás para Agustí. Ya no había Eugenia Martí Monserrat y su beso tibio de despedida. Ya no había Sergi, un año y medio, perdido entre las frazadas, dormido en los brazos de su madre. Ya no había nada para Agustí. Sólo la valija y el camino, apenas contorneado por la luz de la luna, y la sombra amenazante de los Pirineos, cada vez más cerca.

Una valija con rostros, pasando de un brazo a otro cada tanto, ampollando las manos, repleta con cinco mil negativos en 35 milímetros. Cinco mil imágenes, y allí, dispersas en el desorden de la retirada, las lágrimas de una mujer llorando por sus muertos después del bombardeo de Lérida, la silueta de un soldado sigiloso buscando un reparo en el frente de Aragón, la espera en las trincheras, el reencuentro emocionado de un miliciano catalán con su familia, las barricadas en las calles de Barcelona…

Una valija y nada más. Ni el frío, ni la soledad, ni la derrota importaban ahora. Sólo esa valija y los treinta kilómetros que lo separaban de la frontera francesa.

Había recibido la orden apenas un día antes:

"Hay que guardar todo, Agustí. Todas las fotos, y sacarlas de España. No sé, pues como sea. Y lo que quede, quemar todo. Ninguna foto de un republicano en España, sí... Es que esto se terminó, Agustí. Se terminó. Mañana mismo. Hoy. Junta todas las que puedas y sácalas de España, como sea. Pero ahora".

Agustí Centelles, de profesión fotógrafo, destinado en septiembre de 1937 a la Unidad de Servicios Fotográficos del Ejército del Sur, encargado desde 1938 del archivo fotográfico del Ejército de Cataluña, tenía una misión en el ocaso de la guerra: salvar la memoria histórica de una gesta.

Y según reconoció muchos años después:

"En aquel momento no tenía conciencia de que salvaba un trozo de la historia del país. Sí sabía que aquel archivo fotográfico podía caer en manos del enemigo, y a través de cada uno de los personajes retratados, aniquilar a los últimos defensores de la República y de Cataluña. Por eso, sólo por eso, me llevé el archivo".

Agustí Centelles debía dejar a su familia y partir inmediatamente, dando la espalda a la desbandada de los milicianos leales a la República y al eco de las botas de la Falange pisando Cataluña. Debía iniciar su marcha hacia Francia. Primero en auto, después a pie unos treinta kilómetros. Apenas ataviado con una valija y con los Pirineos delante. Sólo eso.

Una valija cuyo contenido se limitaba a su inseparable Leica y cinco mil negativos de fotos propias y de otros colegas, la historia de un pueblo, una derrota a cuestas y una pesada valija. Dos ampollas enormes creciendo en la noche cerrada.

Un rato una mano, después la otra. Y el camino adelante. Atrás, nada.

La muerte del miliciano

La raíz de la polémica sobre la famosa foto de Robert Capa puede encontrarse recién en 1971, cuando el fotógrafo italiano Piero Berengo Gardin publicó la secuencia completa, que incluye la del miliciano herido. En esas imágenes inéditas hasta entonces, aparece por primera vez otra foto en la que el protagonista de *"Falling Soldier"* encabeza un grupo que, desde lo alto de una colina, festeja una supuesta victoria con la sonrisa dibujada en su rostro.

Cuatro años más tarde, se publica una entrevista al periodista británico O'Dowd Gallagher, que le realizó Philip Knightley, donde detalla su encuentro con Capa en España y confirma una confesión del propio Capa:

"Durante varios días no había habido mucha acción y Capa se quejó a los oficiales republicanos, porque no podía tomar fotos. Al final, un oficial republicano le dijo que movilizaría un destacamento hasta unas trincheras cercanas, para que simularan una serie de maniobras con el objetivo de que las fotografiaran".

Otro eslabón en la cadena de quienes sostienen la impostura de la foto fue aportado por el italiano Luca Pagni, quien publicó en su página web las últimas dos fotos superpuestas de distintos milicianos heridos en la secuencia de Capa, y arribó a la conclusión de que las dos fueron tomadas en el mismo espacio físico. Es decir, se trataba de un ensayo que, al parecer, salió mal en primera instancia y mejor en la segunda.

¿Cuáles son los ejes que sostienen la presunción sobre una puesta en escena?

En primer lugar, se observa en la secuencia que el inicio de la foto es un festejo previo a un combate que, supuestamente, sigue en las siguientes imágenes.

Segundo, sorprende la posición del fotógrafo en la foto del miliciano herido, ubicado casi en la misma línea de fuego y sin parecer muy preocupado por guarecerse.

Tercero, la teatralidad de algunos gestos y la movilidad extrema del fotógrafo a lo largo de toda la secuencia.

Cuarto, y quizás el más importante detalle, el dilema de la identidad del miliciano herido de muerte.

En su libro *Retazos de una época de inquietudes*, el ex miliciano de Alcoy, Mario Brotóns, publica por primera vez el nombre del muerto en Cerro Muriano: Federico Borrell García, apodado "Taino"; caído en combate ese 5 de septiembre en horas de la tarde.

Inmediatamente y sin pruebas más concluyentes, la agencia Magnum tomó el dato por cierto y lo aprovechó para intentar clausurar la discusión. Sin embargo, otros estudios sobre la polémica foto parecen confirmar, por la ubicación de la sombra del soldado, que la imagen está tomada por la mañana. Y el enfrentamiento con los franquistas fue en horas de la tarde, según consta en las crónicas de guerra.

También hubo quienes alzaron su voz para defender la autenticidad de la imagen del miliciano. Richard Whelan, admirador y biógrafo de Capa, arremete cada tanto contra los argumentos de quienes intentan invalidar la veracidad de la foto más famosa de Capa. Ya en 2002, y con la intención de desterrar la polémica, Whelan recurrió a un ex editor fotográfico de *The New York Times* y *Life*, y también a un jefe de detectives de la sección Homicidios de la policía de Miami, para que analizaran la instantánea en el Cerro Muriano y disiparan cualquier vestigio de montaje, para luego escribir:

"Tras un exhaustivo análisis, el criminalista Robert Franks me dijo que era prácticamente imposible que fuera una escenificación; me dio 98% de probabilidades de que no haya ningún tipo de trucaje".

Whelan parece empeñado en combatir cualquier comentario crítico hacia el trabajo de Capa de forma concluyente. Pero la duda es inquietante...

¿Será posible que la foto más representativa de la Guerra Civil española, una de las más desgarradoras de la historia, haya sido preparada artificialmente con fines propagandísticos?

¿Quién gana y quién pierde, en términos de intereses económicos y de relevancia simbólica, con la polémica por la autenticidad de la imagen?

¿Es determinante comprobar hoy si Capa montó la escena o no? Lo concreto es que la polémica fue aprovechada por algunas voces para intentar no sólo desvirtuar toda la trayectoria de un fenomenal reportero como Robert Capa, sino también para seguir con la batalla ideológica desde el franquismo muchos años después de terminada la guerra.

El escritor Alex Kershaw, en su libro *Sangre y champán*, puntualiza:

"No es de extrañar que uno se pregunte si hay algo de verdad en esa foto, más allá de la representación de una muerte simbólica. Al fin y al cabo, Capa no era un reportero imparcial. Pasó por alto las atrocidades cometidas por los republicanos y no tardaría en documentar la escenificación de un ataque, así como en hacer de defensor ideológico de la causa comunista en España".

Hay algo de cierto en la postura del reaccionario Kershaw: Capa no era imparcial.

Desde un principio, su voluntad y su talento estuvieron del lado de los republicanos; su cámara fue un arma para denunciar los crímenes del franquismo. Y, más allá de cualquier polémica, todos los observadores coinciden en que es imposible determinar hoy con precisión qué sucedió ese día en el Cerro Muriano, ya que los dos protagonistas de la imagen murieron sin aportar información concreta sobre el tema.

Después de todo, otra vez el debate se reduce a esa fotografía inolvidable: en ese mismo pliegue del tiempo, estalla la paradoja. El miliciano recibe dos disparos: uno lo mata (el del enemigo), el otro lo hace inmortal (el del fotógrafo).

Barricada en Barcelona

El amanecer de aquel 19 de julio de 1936, en Barcelona, parecía conocer detalles de su destino histórico. El día había nacido brillante y el tono rojizo del cielo presagiaba los colores que teñirían las calles de la ciudad en poco tiempo. El golpe estaba en marcha. No había español que ignorara los detalles del alzamiento militar contra el gobierno constitucional dos días antes, en Melilla.

Para el 18 de julio, la ofensiva golpista ya se había hecho sentir en la península. Un día más tarde, le llegó el turno a Barcelona. Las noticias corrían por las barricadas generando preocupación: Mallorca había caído en manos de los golpistas sin ofrecer resistencia, y el general Fernández Burriel tomaba el mando de la sublevación en la capital catalana con cinco mil soldados alzados. Sin embargo, los militares no esperaban la tenaz resistencia de quienes apoyaban a la República. Y menos contaban con el fervor de los militantes anarquistas, que salieron a combatir a los sublevados y se encontraron luchando junto a sus tradicionales enemigos, la Guardia Civil y la de Asalto.

El único reportero gráfico que salió a la calle ese día se llamaba Agustí Centelles, colaborador regular de periódicos catalanes como *La Publicitat*, *Diari de Barcelona*, *Última Hora* y *La Vanguardia*. Sin otro equipamiento que su cámara Leica, comprada por novecientas pesetas y en nueve cuotas en 1934, Centelles se ocupó desde la mañana de cubrir el enfrentamiento callejero entre leales y sublevados. Aunque no sin algunos percances; por caso, el de la calle del Tigre, donde un miliciano al que había fotografiado en acción lo increpó y hasta amenazó con quitarle la cámara hasta que una voz salvadora, desde un balcón cercano, gritó: "Déjalo. Es el Centelles de *Última Hora*".

En pleno fragor de la batalla, el fotógrafo olvidó los cuidados y se mezcló entre la lluvia de gritos y de balas en la calle Diputación. Allí, protegido detrás de un carro de artillería volcado, captó una de las imágenes paradigmáticas de la Guerra Civil. La cámara recorta del infierno catalán la figura de tres guardias de Asalto que disparan parapetados detrás de un par de caballos muertos que arrastraban una pieza de caballería, en plena calle. Esa imagen ya ha quedado en la historia.

Durante décadas, se supuso que el guardia que aparece en primer plano (el mismo que Centelles vuelve a fotografiar desde una esquina, momentos después, y esta vez en soledad), era Ramón Baucel, conocido como Catafau de l'Ametlla. Pero luego se confirmó que no.

Dos fotógrafos para la República

Él es húngaro de nacimiento y, en realidad, su nombre es Endre Friedmann.

Ella nació en Alemania, se llama Gerta Pohorylle, pero todos la conocen como Gerda Taro.

Ella trabaja como secretaria en la agencia de prensa Alliance Photo; él es fotógrafo *freelance*; lo que en su equivalente significa mal pagado; casi siempre con retraso y sobre todo, poco. Se conocieron en un lugar ideal para enamorarse: París, y desde allí compartieron el hambre y el sueño, se convidaron la sed de aventuras y las ganas de vivir de esa pasión llamada fotografía.

Pero las agencias no parecían muy interesadas en su trabajo. ¿Era posible que a nadie en el mundo le impactasen esas imágenes crudas, conmovedoras, profundamente humanas?

Se sabe que, cuando los recursos escasean y uno sólo tiene al otro, la desesperación comienza a ganar la batalla cotidiana. Y como el amor no alcanzaba para mitigar el hambre de las mañanas, una noche tramaron una sutil estratagema para intentar zafar de la encerrona: inventaron de la nada a un fotógrafo prestigioso, un viajero que recorría el mundo y era reconocido en todas partes, un misterioso estadounidense que captaba sus imágenes en el peligro y había cosechado la fama, un prócer del periodismo gráfico al que le sobraban los encargos y que trabajaba para las agencias más importantes; ese aventurero audaz que llegaría a ser símbolo de la fotografía moderna, un mito casi inalcanzable.

"¿Qué nombre le ponemos?", se preguntan, divertidos por la criatura imaginaria que acaban de engendrar. En poco tiempo, llegan a un acuerdo: Robert Capa suena bien, tiene fuerza.

El resto del engaño es producto de una creatividad potenciada por la necesidad: como Capa es tan pero tan famoso, sólo vende sus fotos exclusivas a través de sus representantes (Friedman y Pohorylle, claro), al triple del precio que pide un fotógrafo francés regular.

El truco funciona a la perfección: en cuestión de días comienzan a llegar los encargos de distintas agencias de Europa, y la criatura de Endre y Gerda comienza a dejar su marca en las redacciones de varios periódicos del continente. Y cuando se escucharon los primeros disparos en el sur ibérico, en julio de 1936, estaba claro que no había otro destino posible para Robert Capa (y para sus representantes): España y esa República joven que se defendía de la agresión golpista.

Lejos de neutralidades absurdas y de falsas miradas objetivas sobre la realidad, los dos eran convencidos militantes antifascistas. De hecho, Endre había sido expulsado de Hungría por participar de un movimiento estudiantil y publicar fotos en un medio comunista. Y por ello, España era la oportunidad de conjugar su interés político con su pasión profesional. Fueron armados apenas con una Leica III y con una cámara de cine Eyemo de 35 milímetros, pero dispuestos a todo si de conseguir una buena foto se trataba.

Gerda emprendió la marcha rumbo a Barcelona, mientras Endre decidió viajar a Madrid, con la intención última de cruzar sus caminos algunas semanas más tarde.

Los rostros de los familiares que despiden a los milicianos, la crueldad del frente de batalla en la primera línea, los destrozos que deja tras de sí un bombardeo, el puño en alto de un brigadista internacional, una mujer huyendo de la muerte con su niño en brazos por la carretera… El miedo, la tristeza, la alegría, habrían de estar en sus fotos.

Como una actriz que envejece

Años después, cuando ya se había apropiado casi en exclusividad del seudónimo de esa criatura inventada en conjunto con Gerda, Endre sintetizaba:

"No hacen falta trucos para tomar fotos en España. Uno no tiene por qué posar su cámara. Las imágenes están allí, y uno sólo las toma. La verdad es la mejor fotografía, la mejor propaganda".

También los dos conocían las contradicciones de su oficio, la dificultad para levantar la cámara ante algunas situaciones particulares, como cuando Endre fotografió a un avión en pleno aterrizaje de emergencia. Del interior del devastado aparato salían los pilotos destrozados. Uno de ellos, bañado en sangre, lo vio con su cámara y le gritó: "¿Son éstas las imágenes que estás buscando, fotógrafo?".

Años más tarde, en sus memorias, él reconoció:

"En el tren de vuelta, con aquellos rollos de película bien aprovechados en mi bolsa, sentí odio hacia mí mismo y hacia mi profesión. Ese tipo de fotografía era apta sólo para sepultureros, y yo no quería ser uno de ellos. Si tenía que participar en un funeral, juré que lo haría desde el cortejo".

Las fotos de Endre y Gerda recorren el mundo, su trabajo es apreciado. Por ese motivo, él debe viajar a París en julio de 1937. Gerda se queda sola en la primera línea de combate, acompaña a los milicianos y no descansa hasta atrapar con su cámara las instantáneas de la resistencia. "A mayor compromiso, mayores riesgos"; ése era el lema. Pero el 25 de julio de ese año, en plena retirada, un tanque la aplastó.

Lejos de allí, la noticia estremeció a Endre. Se sentía culpable, no se perdonaba no haber estado allí para proteger a su amada, no podía superar el dolor, y decidió viajar a Estados Unidos. Allá estaría, según estimaba, lejos de la guerra y lejos de su recuerdo.

Recién regresó a España en el otoño de 1938, pero ya nada era lo mismo. No estaba Gerda, con su sonrisa desafiante. El fascismo avanzaba sobre el mapa y acorralaba a las fuerzas republicanas. Sufrió y retrocedió con los milicianos, hasta que la derrota fue una triste realidad.

Sus fotos muestran con justeza la desazón de aquellas horas aciagas: la destrucción, el horror, la miseria, la soledad. La marca de la derrota lo acompañaría toda su vida aventurera. En cada estación, en cada trinchera, en cada rollo de película, habría de estar ella.

Una vez, después de tanto andar por los senderos del desastre, señaló:

"La guerra es como una actriz que envejece. Cada vez menos fotogénica y más peligrosa".

La muerte lo encontró, como no podía ser de otra manera, en un campo de batalla. En Indochina, en 1954, pisó una mina enterrada mientras buscaba la mejor posición para una toma. Su cámara voló por los aires. "Si la foto no es lo bastante buena, es porque no estás lo bastante cerca", había sido su apotegma. Y Robert Capa supo defenderlo hasta el último segundo de su vida.

Un hombre cae en Cerro Muriano

Perdida en una multitud de brazos en alto, Marina deja escapar su tristeza en silencio, al mismo tiempo que el tren cargado de milicianos emprende la marcha. Están arracimados en las ventanillas; todos se pelean por asomar sus torsos o su rostro, sus sonrisas y sus puños cerrados, y gritan palabras de amor para aquellas mujeres que los despiden con resignación. Marina es una de ellas. Uno de esos puños, una de esas sonrisas es la de Federico. Pero ella lo pierde de vista cuando el tren inicia su marcha, cuando las lágrimas le nublan la vista. ¿Sabe Marina, acaso, que jamás volverá a verlo? ¿Sabe que esa promesa de casamiento se perderá como el vapor de la locomotora que va ganando velocidad sobre los rieles de Alcoy? ¿Llora Marina por el destino de esos hombres o llora por el suyo propio, sola en el andén, sin nada para hacer más que esperar?

El murmullo decae. El tren se desvanece en el horizonte y el silencio va tapando las voces de las mujeres en la estación. Los chicos no entienden demasiado dónde van esos hombres ahora. Sospechan algo por esos besos casi furiosos, por el roce contra las barbas crecidas de sus padres y por el rostro triste de sus madres. Marina los observa y piensa en su propio destino antes de alejarse del andén. El tren que se lleva a Federico para siempre se pierde en el paisaje.

Dentro del tren, los milicianos ya no se asoman por las ventanillas: ahora se acomodan en sus asientos, entre ruidos y risas. Federico Borrell García es uno de ellos. Nacido en 1912 en Alicante y sexto hijo de un humilde matrimonio de agricultores,

Federico había recibido enseguida el apodo que lo acompañaría toda su vida: "Taino".

Antes de cumplir los veinte años, Taino ya se hizo militante de las Juventudes Libertarias y se involucró rápidamente en política mientras trabajaba como trabajador textil. Federico no dudó en apostar por la acción directa y en agitar la necesidad de la violencia de clase contra el sistema dominante como consigna.

Ya en 1934, Taino fue detenido por la policía de Primo de Rivera por participar, junto con compañeros anarquistas de la FAI, en un atentado contra un trasformador eléctrico.

Con el comienzo de la Guerra Civil se sumó a una columna del Ejército Popular y en agosto de 1936 abandonó Alcoy hacia el frente cordobés, como parte de la expedición de un centenar de milicianos.

Para cuando las fuerzas republicanas llegaron a Córdoba, la ofensiva del ejército franquista se tornó incontenible. El Cerro Muriano fue el escenario del primer enfrentamiento de la columna llegada desde Alcoy contra las fuerzas fascistas. Allí es donde la historia se bifurca, según ya anticipamos.

Un año después, un testigo presencial y compañero de batalla relataba en el semanario anarquista *Confederal*:

"El compañero Taino, al frente de un grupo de milicianos, arengándoles con la palabra y dando el ejemplo con los hechos, avanzaba delante, empuñando con mano firme y pulso sereno el fusil. El enemigo estaba cerca. Aún le veo parapetado detrás de un árbol, con la sonrisa en la boca, disparando con serenidad y presteza. En lo más fragoroso del combate, una bala enemiga le segaba su vida, en lo más lozano de su juventud, entrándole recta al corazón".

Y la nota-homenaje agregaba:

"¡Descansa en paz, compañero Taino! Tus compañeros han sabido vengarte. Por cada antifascista muerto, han caído mil de los traidores".

Es decir: a partir del testimonio de este testigo, la batalla se sucede en horas de la tarde y la muerte de Taino no se desarrolla en la llanura que se observa en la fotografía; habla de un árbol y no menciona la presencia de reportero alguno.

La versión que se desprende de la foto de Capa es otra, pero todo parece indicar que, en todo caso, esa tarde Federico Borrell García murió dos veces. Una, para la cámara del húngaro, a pedido del fotógrafo. Otra, para el relato emocionado de su camarada anarquista.

Los milicianos se protegen en las trincheras cercanas. Las ráfagas de disparos dejan su marcan en el Cerro Muriano. Federico es de los primeros en lanzarse a intentar contener la ofensiva del enemigo sobre la columna. El cielo, por encima de todos, cubre la escena con un gris tormentoso. Un disparo, entre tantos, encuentra a Federico como destino. A mitad de carrera, el joven Taino cierra los ojos, abre los brazos y cae. Sobre el suelo, sus ojos se nublan mientras observa los colores del cielo.

Cerca, a unos pasos de distancia, un fotógrafo observa su final sin saber que acaba de retratar la imagen más poderosa de la Guerra Civil. Taino muere entonces (en esta versión), sin conocer detalle alguno del periplo interminable de su imagen.

Los indios cherokees del norte de América les huían a las cámaras porque estaban convencidos de que en cada foto les arrebataban parte de su alma. Uno podría señalar, parafraseando quizá esa creencia, que algo del alma de Federico quedó sujeto en esa imagen, que eso es lo que determina su atractivo perpetuo. Un segundo antes del final, el obturador de Capa consiguió arrebatarle a la muerte el alma de un miliciano herido y pudo sintetizar de forma conmovedora la tragedia de una derrota dolorosa.

Pero éste no sería el único misterio a develar de aquellas desgarradoras imágenes, como veremos.

"Los buenos están muertos"

Como nadie, Manuela conoce los silencios perfectos de su padre. Escucha la música de esas pausas interminables, recorre cada signo de ese gesto congelado en que su padre, Mariano Vitini, se pierde cuando se rozan ciertas conversaciones, ciertos nombres ausentes. Es entonces que el hombre calla y se abroquela en el silencio para interrumpir todo importuno vestigio de conversación, para despejar cualquier intento de Manuela por conocer detalles sobre esa foto que siempre oculta en su habitación. Sólo una vez, una vez, Mariano Vitini escuchó la pregunta de su hija y admitió la verdad: "Sí, soy yo". Fue todo lo que Manuela pudo escuchar entonces. Y a modo de corolario final, Mariano agregó: "Pero eso no tiene ningún mérito. Los buenos están muertos".

La foto en cuestión es aquella en donde Agustí Centelles capta a tres guardias disparando sobre una barricada de caballos muertos. Mariano Vitini, y no Ramón Baucel, es aquel guardia que dispara, en otra foto, en soledad desde una esquina, otra vez congelado por la Leica de Centelles, en ese 19 de julio en Barcelona.

"Los buenos están muertos", repetía el padre de Manuela entonces. Y nunca más volvió a hablar de la guerra de allí hasta su muerte, acaecida en 1983. Los "buenos" eran sus hermanos Luis y José, y sus vidas también forman parte de esa foto-símbolo. El escritor español Javier Cercas, muchos años después, se citó con Manuela para escuchar la historia de Mariano, pero en su historia estaban las huellas de Luis y José, pues Javier escribió para el diario *El País* en 2001:

"Luis, el menor, hizo la guerra con los republicanos desde el principio, al final huyó a Francia, entró en la resistencia y llegó a ser comandante de las Forces Françaises de L'Interieur (FFI), regresó clandestinamente a España en julio de 1944 y se integró en los maquis; al mes fue detenido en Barcelona: lo fusilaron en el Camp de la Bota, en la madrugada del 14 de septiembre de 1944".

También en ese artículo, Cercas dio cuenta del derrotero de José, militante del Partido Comunista y guardia de asalto como Mariano. Como otros tantos, José huyó a Francia tras la derrota y pasó por los campos de concentración de Argèles y Septfonds. Con el tiempo, se sumó a la resistencia francesa contra los nazis y llegó a ocupar el grado de teniente coronel de la 68 División de las FFI, después de tomar parte de la liberación de las regiones de Tarm y del Aveyron.

La victoria aliada contra los alemanes potenció en José la decisión de prolongar la furia libertadora sobre su España sometida, por lo que en diciembre de 1944 regresó a su país y se refugió en la casa de Mariano. Ya en Madrid, organizó un núcleo guerrillero y atentó contra una subdelegación de la Falange. Tiempo después, por una delación, lo detuvieron los fascistas. Volvamos al relato de Cercas:

"Lo interrogaron en la Dirección General de Seguridad, pero la paliza de muerte que le pegaron no consiguió que abriera la boca; todavía incrédulo, Carlos Conejo, que a la sazón estaba detenido allí, recuerda que, cuando bajaron a Vitini ensangrentado y a rastras a los calabozos, le oyó gritar: '¡Ánimo, compañeros! ¡En momentos como éstos hay que cantar "La Internacional"!'. Días después fue a visitarlo la mujer de Mariano; José le dijo que se fuera: 'Ya no hay nada qué hacer aquí', le dijo".

José tenía razón: lo fusilaron un 28 de abril, y hoy es recordado en Francia como un héroe de la guerra por la liberación nacional. Curiosa paradoja: con unos kilómetros de diferencia, el mismo José Vitini es recordado como un héroe de un lado de la frontera y como un delincuente del lado español.

"Los buenos están muertos", había dicho Mariano Vitini, quien durante toda su vida eligió evitar corregir el equívoco epígrafe de aquella foto épica.

Después de todo, los buenos eran sus hermanos.

De regreso a la memoria

Ahora en auto y treinta y cinco años después, Agustí recorre aquel viejo camino rumbo a la frontera. La sombra de los Pirineos nevados, como aquella noche, asoma amenazante. ¿Habían pasado más de tres décadas? ¿Cómo era posible recordar todo de modo tan perfecto? ¿Cómo podía olvidar Agustí, con sus sesenta y seis años a cuestas, cada detalle de esas manos moradas, ampolladas por el peso de la valija, su aliento agitado, sus pasos lentos, esa noche eterna en que dejaba atrás la derrota?

No sabía cómo pero, en efecto, lo recordaba todo.

Solo, en el asiento trasero del auto, Agustí se miró las manos, buscando cicatrices que ya no estaban, rastros invisibles de aquella noche, buscando quizá a aquel joven fotógrafo que una noche, treinta y cinco años antes, cruzó la frontera con la memoria histórica de un pueblo metida en su valija.

Agustí lee desde el auto los carteles en la ruta y sabe que Carcassone está cerca. Sólo entonces comienza a temblar, transpira, oculta sus manos en el saco, cuenta los segundos. Y busca, con sus ojos, aquella finca. La memoria también le había guardado a Agustí, para siempre, el camino hacia la casa de aquellos humildes agricultores franceses. Se sorprendió por recordar cada relieve del mapa, cada espesura, cada sonido.

"Aquí es", susurró entonces.

Agustí bajó del auto. Tenía una historia para contar y otra historia por recuperar. Temblaba cuando golpeó las manos. Seguía temblando cuando un joven salió de la casa y le preguntó algo, a lo lejos. Los dos en la tranquera, el viejo y el joven, comenzaron a conversar. Agustí inició aquel relato que tantas veces se había repetido a sí mismo en el viaje, pero el joven lo interrumpió a poco de escucharlo.

"Lo estaba esperando, señor", le dijo. Y Agustí ya no tembló.

Entraron los dos a la casa, y el joven tomó la palabra. Agustí escuchó:

"Mi padre murió hace un tiempo, pero me contó, claro que me contó. 'Escucha bien: un día, de la nada, llegará un hombre y te contará una historia. Te hablará de una guerra, de una derrota, de un camino. Escucha bien, estas dos cajas son propiedad de ese hombre. Y un día, cualquier día, vendrá por ellas'. Eso me dijo mi padre, señor".

Agustí prestó atención, ansioso de toparse con el final de las palabras, buscando con los ojos la silueta de aquellas cajas. Bajaron al sótano, encendieron la luz. Allí estaban.

El hombre maduro tembló nuevamente al abrir las cajas, *sus* cajas. Allí estaban; a contraluz y en los negativos se asomaban otra vez aquel soldado, aquella mujer, aquella barricada. Habían pasado treinta y cinco años para que Agustí Centelles pudiera reencontrarse con su memoria perdida. Había tenido que enfrentarse mil veces contra el fascismo, que ocultarse otras tantas, que soportar penurias y calumnias, que asumir censuras y que esperar, paciente, la muerte del dictador. Sólo entonces Agustí volvió por su memoria.

Pero en esos treinta y cinco años hay otra historia para contar. Una historia que comenzó aquella noche eterna, cuando la valija de Agustí atravesó la frontera y alcanzó territorio francés. No lo esperaba allí ninguna recompensa. Por el contrario, Centelles fue uno de los tantos refugiados que huyeron de las garras franquistas en el epílogo de la Guerra Civil para dar con su cuerpo y su fracaso en alguno de los campos de concentración para exiliados españoles. Allí, la derrota, el hambre, la desesperación hicieron de su valija un preciado botín para miradas furtivas. Pero Agustí protegió con su vida ese tesoro. Y con el tiempo, después de horas de charla y cigarrillos compartidos con los cuidadores, logró construir un precario laboratorio fotográfico para procesar sus películas durante su reclusión en el campo de Bram.

Tiempo después, y en plena ocupación nazi, Agustí se estableció en la zona de Carcassone y se integró a un grupo de la resistencia francesa, *maquis* conspiradores contra el gobierno títere impuesto desde Berlín. Pero todo se complicó para 1944, cuando la Gestapo descubrió su laboratorio clandestino e inició la cacería contra los *maquis*. Las horas de Agustí estaban contadas en Francia, y decidió volver. Retornó clandestino a la España sometida por Franco, en busca de su familia, a la boca del lobo para escapar de una muerte segura.

Pero no podía viajar con su archivo fotográfico a cuestas, ahora mucho más voluminoso que antes. Y horas antes de su partida tomó la gran decisión: dejar todas sus fotos en dos cajas, en la casa de unos humildes granjeros de Carcassone, quienes aceptaron el compromiso y juraron resguardar el archivo. "Algún día volveré por mis fotos", fue lo último que escucharon de sus labios.

Agustí regresó oculto. En la sombra lo esperaban Eugenia y un niño que ya no recordaba su rostro. En la sombra escuchó las voces de la calle. Leyó los diarios de la dictadura, murmuró las palabras de algunos que habían sido sus compañeros y que hoy escribían, orgullosos, propaganda para el Caudillo.

Esperó, paciente, dos años en las sombras. La guerra había quedado lejos en la memoria de los españoles; los triunfadores habían borrado todo vestigio de su carnicería y hoy asomaban al mundo con nuevos y relucientes disfraces. Hablaban de olvido, de reconciliación, de mirar hacia delante. En la sombra, Agustí escuchó esas voces también. Y tras sopesar las posibles consecuencias de sus actos decidió entregarse.

Lo esperaban un juicio absurdo y una condena; sus vínculos con el Ejército de la República inquietaron al tribunal de lobos. Pero ellos mismos habían hablado de olvido, de reconciliación, de mirar hacia delante. Algo debían hacer, y decidieron darle la libertad condicional. Mas los lobos no eran estúpidos. A Agustí se le prohibió hasta nueva orden ejercer su oficio como reportero gráfico en la prensa española.

No se resignó. Abrió en Barcelona un estudio y comenzó a ofrecer sus servicios como fotógrafo industrial. La historia de su nombre, atada a la de los derrotados, se desvaneció con el tiempo. Ahora Agustí Centelles era un simple comerciante, un respetable vecino que por las tardes, después del trabajo, se sentaba a esperar.

Pero en el refugio de la noche, mil imágenes irrumpían en los sueños del simple comerciante y respetable vecino. Eran aquellos rostros, aquellas barricadas, aquellos fusiles congelados por la cámara que esperaban, como Agustí, salir a respirar para contar su historia, atrapada en una caja. La historia de un pueblo invadía sus sueños y lo inquietaba. De día, Centelles se perdía en la rutina de sus labores, en su presente inobjetable. Pero en las noches, puntualmente, volvían las emboscadas, los puños en alto, los abrazos mojados. Retornaban las trincheras sangrantes, las canciones de despedida, los uniformes gastados, el tronar de los fusiles, las caras desesperadas. Se hacían presentes nuevamente el caos, la resistencia, la derrota.

De todos los días y todas las noches del año 1975, el dictador eligió para morirse la madrugada del 20 de noviembre. Esa misma tarde, Agustí tomó la decisión de volver a Carcassone, a buscar su memoria, a dejar atrás aquellas imágenes repetidas cada noche.

Habían pasado treinta y cinco años, pero las voces de un pueblo seguían buscando un hilo de luz por entre los sueños de Agustí Centelles.

Epílogo

"La verdad es que somos un fracaso. A dos años, nuestros lectores apenas recuerdan dónde está Damasco, y el mundo, instintivamente, describe lo que ocurre en Siria como 'ese despelote', porque nadie entiende nada sobre Siria. Sólo sangre, sangre, sangre."
Francesca Borri, corresponsal italiana en conflictos como los de Kosovo y Siria

Desde el primer corresponsal de guerra hasta el último, no hay ninguno de ellos que haya podido escapar a las tenazas implacables de la guerra. De un lado, la censura: esa que pone la lupa en cada informe a punto de ser despachado, esa que siempre encuentra una razón de Estado para prohibir y recortar por todos lados, esa que sabe del peligro que representa el ojo agudo de un cronista talentoso en el frente de combate. Del otro lado, la propaganda: esa que manipula los datos y tergiversa los hechos a voluntad, esa que difunde aquello que resulta ventajoso y oculta bajo siete llaves cualquier revelación incómoda, esa que sabe del ejercicio de construir héroes de cartón y que demoniza al enemigo para transformarlo en una odiada caricatura, para de ese modo facilitar su aniquilamiento.

No hay cronista en el planeta que no haya padecido el tormento de trabajar así, en medio del desastre de la metralla y los bombardeos, en mitad de las cacerías étnicas y las matanzas colectivas de una guerra, atrapado siempre bajo las rígidas condiciones que parecen marcar el ritmo de cada confrontación en estos días.

El 27 de febrero de 1991, el general Norman Schwarzkpof, responsable de la Operación Tormenta del Desierto llevada a cabo por soldados estadounidenses en Irak, dejó completamente al desnudo esta verdad latente durante una conferencia de prensa en la que agradeció calurosamente la "invalorable ayuda" de sus compatriotas, los corresponsales en el frente, para aportar informaciones. Pero éstas, bien lejos de la verdad o de cualquier principio ético, eran absolutamente falsas. En verdad eran apenas una parte de una compleja red de mentiras diseminada desde los grandes medios de comunicación, con el objeto de engañar al enemigo durante un supuesto desembarco anfibio que confundió a las tropas y desvió el foco de atención de la resistencia. Se trató, nada menos, que de la confirmación concreta de una realidad muchas veces temida: el rol del corresponsal de guerra como mero instrumental de campaña, como ese acompañante con ciertos privilegios durante el avance de las tropas, pero tan subordinado a la autoridad militar como el soldado de menor rango en el escalafón.

Si bien los tiempos modernos parecen marcados por el aprovechamiento extremo de las nuevas tecnologías y por la dictadura invencible y todopoderosa de la imagen como carne de la transmisión en vivo y en directo, el rol del corresponsal de guerra nunca estuvo bajo un nivel de presión mayor al actual. En ese sentido, la guerra de Vietnam, y con ella la llegada de la televisión al frente de combate, fue el acontecimiento bisagra para la profesión.

Lejos en el tiempo habían quedado ya los años románticos e ingenuos de la Segunda Guerra Mundial y de la Guerra Civil Española, donde los cronistas desarrollaban su trabajo a expensas de su propia vida, pero sin preocuparse demasiado por lo "perjudicial" que pudieran terminar resultando sus aportes documentales sobre las grandezas y miserias bajo el fuego.

A partir de ahora, la secuencia de cadáveres de soldados estadounidenses regresando a su país dentro de bolsas negras, pasando por largas cintas transportadoras hasta ocupar un lugar en las barrigas de los aviones, fue unánimemente una imagen que el comando de guerra estadounidense ya no toleraría nunca más. Si la primera víctima de la guerra siempre es la verdad, entonces habrá que manipular esa verdad para que se acomode a las necesidades y las urgencias del bando que, al mismo tiempo, se preocupe por enviar periodistas a cubrir la batalla. Y desde ese momento, ellos también serán juez y parte del combate: no serán nunca más la presencia honesta y siempre cuestionadora del observador imparcial que elige ponerse del lado de la víctima; ahora serán soldados de infantería factibles de ser manipulados y utilizados como otras piezas en el gigantesco ajedrez de la guerra.

Para el ensayista Jonathan Steele, si asumimos como cierta la cita del estratega alemán Von Clausewitz referida a que la guerra es la prolongación de la política por otros medios, entonces habrá que aceptar de una vez por todas que el trabajo del corresponsal en la zona de conflicto es "la continuación de la información política por otros medios".

No menos cierto es que los corresponsales de guerra deben convivir hoy con vicios propios del oficio, como el creciente afán de protagonismo, que puede llevar a cualquier comunicador a exagerar la dimensión de los hechos narrados o a construir historias con escaso rigor o poco sustento y relación con la cruda realidad. "Todos queremos conseguir esa historia por la cual esa guerra va a ser recordada", admite Jim Clancy, corresponsal de CNN.

Otro peligro que acecha en la actualidad es la imperiosa necesidad del impacto como el único combustible aceptado por las jefaturas de los grandes medios. Esa búsqueda requiere indefectiblemente la imagen más desgarradora y el testimonio más espantoso para ganarse un lugar en el selecto *prime time* de los noticieros, o para ocupar la anhelada portada de un matutino. La necesidad empuja muchas veces a vestir con el ropaje de la espectacularidad y el dramatismo cualquier información, incluso la menos interesante.

Otra característica común de muchos corresponsales es su situación de inestabilidad laboral, un problema que les exige singularizar sus coberturas, en tiempos de guerras uniformadas y con estrictos límites para la libertad de prensa; una presión que les impone la búsqueda de alternativas para diferenciarse del resto de sus colegas, aun cuando esas opciones laterales signifiquen muchas veces asumir mayores riesgos.

Se trata de sumarse a esa interminable lista de mitos humanos que recorrieron las trincheras del mundo y regresaron cubiertos de un halo heroico que, en muchas ocasiones, no es otra cosa que una construcción artificial de quienes pretenden lucrar con esa imagen tan atractiva de los locos temerarios que vuelven del infierno a contar lo sucedido.

El cronista de *ABC News*, Carlos Mavroleon, desmitifica todo aquello que rodea a su oficio en apenas dos líneas:

"Noventa por ciento del tiempo que estás en una guerra te la pasas esperando, completamente aburrido. Después tienes 7.5% de miedo y corridas, para al final tener 2.5% de acción".

Lo único que importa es conmover, no tanto informar en detalle. Lo único que interesa es llegar primero, no tanto si la información que se presenta como primicia cuenta con suficiente credibilidad o ha sido revisada las veces necesarias antes de lanzarla al mundo.

Todas estas tensiones las comparte un ejército de civiles armado con cámaras, grabadores y teléfonos satelitales, que busca en cada rincón del planeta aportar una voz distinta para romper la cáscara superficial de los partes oficiales, para intentar cruzar la frontera de la censura y saltar las vallas de la propaganda. Para responderse a sí mismo de qué se trata eso de trabajar todos los días con el miedo y el peligro. El miedo, como parte del inventario que los acompaña a lo largo de su visita a zonas de desastre, donde la vida no vale nada y la muerte espera agazapada en cada esquina. El peligro, como el desfiladero obligatorio por el que debe caminar cada uno de aquellos que pretendan trascender con su trabajo informativo. Aquellos que, si bien se repiten a sí mismos la frase de Jacqueline Artz Larma, de Associated Press: "No hay foto que valga tu vida, porque mañana puede haber una mejor", exponen sus vidas detrás de esa imagen, detrás de esa historia que los apasiona y que los envuelve como en una fiebre sin control.

En definitiva, la pregunta más difícil para plantearse sobre los corresponsales de guerra es la más sencilla de todas: ¿por qué lo hacen? ¿Por qué asumen el riesgo y se juegan la vida en un trabajo que puede otorgar alguna recompensa, pero que también suele cobrarse lo más importante por el camino?

Quizá la mejor respuesta posible la haya esbozado la periodista estadounidense Marie Colvin, corresponsal del británico *Sunday Times*, que cubrió guerras en Kosovo, Chechenia, Zimbabwe y Timor Oriental, antes de perder un ojo en Sierra Leona y caer víctima fatal de un bombardeo en un suburbio de Siria. Poco antes de su muerte en 2012, Colvin explicó:

"Muchos de ustedes se estarán preguntando ahora si vale la pena el costo en vidas, en desamor, en pérdidas. Me enfrenté a esa pregunta cuando perdí el ojo y mi respuesta ha sido, entonces y ahora, siempre la misma: vale la pena. Alguien tiene que ir allí y contar lo que está pasando. Y no se puede obtener esa información sin estar en los lugares donde se le está disparando a la gente".

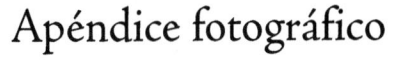

Apéndice fotográfico

Arriba: Tucídides (c. 460 a. C.-Tracia, c. 396 a. C.) y Jenofonte (c. 431 a. C.-354 a. C.). *Abajo*: Julio César (100 a. C.-44 a. C.). En un principio y hasta mediados del siglo XIX, se consideraba que los únicos con méritos suficientes para narrar hechos de guerra eran sus protagonistas, y con preferencia, aquellos que dirigían las acciones en el frente de batalla.

EL INCÓMODO PIONERO

William H. Russell, el periodista nacido en Dublín
el 28 de marzo de 1821 y fallecido en Londres el
11 de febrero de 1907, considerado el padre de los
corresponsales de guerra. Enviado por *The Times*,
cubrió la Guerra de Crimea.

Fotos: Roger Fenton

Sobrevivientes de la nefasta Carga de la Brigada
Ligera, cuyo peculiar reporte le valiera a Rusell tanto
fama y elogios como airadas condenas.

CORRESPONSALES CÉLEBRES

Ernest Hemingway (1899-1961), en el centro, como cronista de la Guerra Civil Española. Lo acompañan el cineasta holandés Joris Ivens (1898-1989), a la izquierda, y el escritor alemán Ludwig Renn (1889-1979), por entonces oficial de las Brigadas Internacionales que defendían a la República.

George Orwell (1903-1950). Vivió y testimonió grandes acontecimientos de la Guerra Civil Española y la Segunda Guerra Mundial.

Ryszard Kapuscinski (1932-2007), notable periodista y prolífico escritor, dio testimonio de guerras y revoluciones de Asia, Europa y las Américas.

Morir en Saigón

Foto: Archivo diario *La Nación*

Arriba: Ignacio Ezcurra (1939-1968), el arriesgado y joven corresponsal de guerra argentino cuya muerte sigue siendo un misterio. *Abajo*: la imagen da cuenta de que la guerra de Vietnam se libraba también en las ciudades, en cada metro de terreno.

Foto: Gobierno Federal EE. UU.

El granjero de Indiana

El cuerpo de Ernest Taylor Pyle (1900-1945) parece sólo vencido por el sueño. En verdad, el fuego de un francotirador japonés lo había abatido en la pequeña isla de Ie Shima, cerca de Okinawa.
Foto: Alexander Roberts/Ejército de EE.UU.

Foto: Archivos ce la Marina, EE.UU.

Un alto en el combate. Pyle (a la izquierda) comparte sus cigarrillos con uno de los jóvenes combatientes, cuyos temores y pesares retrató sin idealizaciones.

De la gloria a la oscuridad

Foto: Ilagardien/Wikicommons

Kevin Carter (1960-1994) es retratado por Rebecca Hearfield. La foto que Carter tomara al niño sudanés le valió la gloria, pero también fue un estigma que lo persiguió hasta su muerte.

Graffiti registrado por el fotógrafo italiano Mateo Vegetti, sobre la célebre imagen de Carter, cuya reproducción es aún protegida por estrictas leyes de propiedad.

La fuerza del cómic

Joe Sacco nació en Malta, el 2 de octubre 1960. Ha ganado celebridad como un autor alternativo de cómics, más ligados a la crónica periodística que a la mera recreación. La ironía, la crudez y la pasión por el detalle lo convierten en uno de los más notables testigos de nuestro tiempo.

Un monumento puesto en duda

Arriba: Robert Capa (en verdad, Endre
Friedmann) toma imágenes en la España de la
Guerra Civil. La imagen fue captada por Gerda
Taro, su compañera. *Abajo*: la famosa y discutida
"Muerte de un miliciano".

Algunos fragmentos

De William Howard Russell
(Crónica publicada en *The Times*)

A las once y diez, nuestra Brigada de Caballería Ligera inició la carga. Avanzaba majestuosamente, brillaban bajo el sol de la mañana con toda la pompa y esplendor de la guerra. A unos mil doscientos metros de distancia, toda la línea enemiga escupió una oleada de fuego y humo por treinta bocas de acero. Se acusó el impacto por los hombres y caballos muertos, por las monturas que huían solas o sin jinete por la llanura...

De Ignacio Ezcurra
(Crónica publicada en *La Nación*)

Duros combates líbranse en el frente de Vietnam
Valle de A Shau, 9 de mayo. La noche se hace interminable durmiendo en un diminuto bunker construido por los norvietnamitas. Durante toda la noche, los morteros y cañones de los cinco puestos establecidos en el valle bombardearon los senderos por donde podía circular el enemigo. Y dos veces la montaña tembló, con un rugido, y pareció que el bunker se partía en pedazos.'
"Son los B-52 que atacan a dos o tres kilómetros de aquí. Bombas de quinientos kilos. Imagínese cómo las sienten ellos". A las seis de la mañana, todo el mundo estaba de pie, calentando y maldiciendo las raciones 'C' de combate: latas verdes con galletitas, chocolates, dulces, pavo, sopas o carne. Parecen ricas, pero después de unos meses... Con humor sombrío, se prepararon luego las armas, arrancándoles hasta la última partícula de polvo con cepillos de dientes y brochas de afeitar. "No quiero ir. Este lugar está *buku* (lleno) de *gooks*", suspiró el soldado Steve Arnold, de California, y en silencio todos aprobaron. A las siete estaban los setenta hombres al pie de la montaña, en el camino construido por los norvietnamitas, con los fusiles M-16, ametralladoras M-60, lanzagranadas, bazukas y miedo. "Miedo, no tengo vergüenza en confesarlo", dijo con pesado acento sureño Luis Gregore. Para evitar convertirse en

blancos preferenciales, los oficiales y suboficiales se arrancaron las charreteras, y los que llevaban radio disimularon la antena. "Siempre empezarán con nosotros".

De Vasili Grossman
(Fragmento de *Vida y destino*)

Para los defensores de Stalingrado llegaron los días más duros. En la confusión de los combates callejeros, del ataque y del contraataque; en la batalla por el control de la Casa del Especialista, del molino, del edificio del Gosbank (banco estatal); en la lucha por sótanos, patios y plazas, la superioridad de las fuerzas alemanas era incuestionable.

La cuña alemana, hundida en la parte sur de Stalingrado, en el jardín de los Lapshín, Kuporosnaya Balka y Yelshanka, se había ensanchado, y los ametralladores alemanes, que se habían refugiado cerca del agua, abrían fuego contra la orilla izquierda del Volga, al sur de Krásnaya Slobodá.

Los oficiales del Estado Mayor, que cada día marcaban en el mapa la línea del frente, constataban cómo las líneas azules progresaban inexorablemente, mientras continuaba disminuyendo la franja comprendida entre la línea roja de la defensa soviética y la azul celeste del Volga.

Aquellos días, la iniciativa, alma de la guerra, estaba abanderada por los alemanes. Avanzaban y avanzaban sin cesar hacia delante, y toda la furia de los contraataques soviéticos no lograba detener su movimiento lento, pero aborreciblemente decidido.

Y en el cielo, desde el alba hasta el anochecer, gemían los bombarderos alemanes en picada y horadaban la tierra desventurada con bombas demoledoras. Y en cientos de cabezas martilleaba, punzante, el cruel pensamiento de qué pasaría al día siguiente, al cabo de una semana, cuando la franja de la defensa soviética se transformara en un hilo y se rompiera, roído por los dientes de acero de la ofensiva alemana...

De Ernie Pyle
(Fragmento de *Brave men: la campaña de Italia 1943-1944*)

Estábamos a menos de seis kilómetros de la costa, que en el mundo de la artillería pesada prácticamente es sinónimo de estar colgado del cañón. Dos o tres barcos más pequeños estaban más próximos a la costa, pero el grueso de nuestra flota aguardaba alejada en algún punto del mar, a nuestras espaldas. Nuestro almirante tenía fama de acercarse siempre a donde pudiera participar en el tiroteo, y sin lugar a dudas se mantuvo fiel a su reputación durante toda la invasión.

Apenas llevábamos un minuto detenidos cuando unos grandes proyectores se encendieron en la costa y comenzaron a rastrear las aguas. Al parecer, los vigías de la playa habían escuchado algún ruido en el mar. Las luces barrieron el agua oscura y tras varias pasadas de reconocimiento, una de ellas se posó de lleno sobre nosotros y se detuvo. A continuación, y mientras todos conteníamos el aliento, uno tras otro los haces de luz se dirigieron a nuestro barco. Habían encontrado lo que buscaban.

Los cinco, distribuidos a lo largo de varios kilómetros de la línea de la costa, nos encañonaron con sus luces blancas y quedamos indefensos como bebés en cueros. De hecho, si hubiera servido de algo, no me hubiera costado ponerme a berrear como uno, ya que toda aquella historia de los reflectores implicaba que el enemigo nos tenía en el punto de mira. No sólo nos habían descubierto; nos habían atrapado en un embudo del cual no habría escapatoria.

Era imposible que lográramos movernos lo bastante deprisa para huir de aquellos rayos. Estábamos a una distancia desde la que cualquier cañón nos podía alcanzar fácilmente.

Éramos como un pato de feria. Estábamos atrapados en el extremo de cinco bastones de luz despiadados, absolutamente indefensos. "Cuando el quinto proyector se detuvo sobre el barco, todos mis hijos pasaron a ser huérfanos", declaró posteriormente uno de los oficiales.

Otro recordaba: "Lo que me partió el alma fue cuando bajó el ancla. La cadena hizo tanto ruido que seguro que se oyó hasta Roma".

Un tercero dijo: "El tipo que estaba junto a mí respiraba tan fuerte que no oí bajar el ancla. Entonces me di cuenta de que junto a mí no había nadie".

De Robert Capa
(Fragmento de *Ligeramente desenfocado*)

Si en este punto de la historia mi hijo me interrumpiera para preguntar: "¿Cuál es la diferencia entre un corresponsal de guerra y cualquier otra persona de uniforme?", tendría que responder que el corresponsal de guerra bebe más, liga más, gana más y tiene más libertad que un soldado, pero que a esas alturas de la guerra, tener la libertad de elegir dónde estar en cada momento y tener la posibilidad de ser considerado un cobarde sin ser ejecutado por ello constituía para él una tortura.

El corresponsal de guerra tiene en sus manos su mayor apuesta, su vida, y puede elegir el caballo al que apostarla, o puede guardársela en el bolsillo en el último segundo.

Yo soy un jugador. Decidí acompañar a la Compañía E en la primera oleada.

Una vez tomada la decisión de acompañar a las primeras tropas de asalto, intenté convencerme a mí mismo de que la invasión sería pan comido y de que toda la historia del "muro occidental impenetrable" no era más que propaganda alemana. Subí a la cubierta y eché un largo vistazo a la cada vez más lejana costa inglesa. La isla se desvanecía en un resplandor verde pálido que me tocó la fibra sensible, de modo que me uní a la legión de escritores de cartas de despedida. Mi hermano heredaría mis botas de esquí y mi madre podría invitar a alguien desde Inglaterra para que la acompañara. La idea era repugnante y decidí no enviar la carta. La doblé y me la metí en el bolsillo de la pechera.

Entonces me uní al tercer grupo. A las dos de la mañana interrumpió nuestra partida de póker la megafonía del barco. Metimos el dinero en riñoneras impermeables y se nos recordó con toda brusquedad que el desembarco era inminente...

Bibliografía

- Capa, Robert; *La maleta mexicana de Robert Capa*, Madrid: La Fábrica, 2012.
- _____; *Ligeramente desenfocado*, Madrid: La Fábrica, 2009.
- Centelles, Agustí; *Diario de un fotógrafo*, Madrid: Península, 2009.
- Ezcurra, Ignacio; *Hasta Vietnam*, Buenos Aires: Elefante Blanco, 2006.
- Fortes, Susana; *Esperando a Robert Capa*, Barcelona: Planeta, 2009.
- Giussiani, Laura; *Cazadores de luces y de sombras. Ignacio Ezcurra y Enrique Walker*, Buenos Aires: Edhasa, 2008.
- Grossman, Vasili; *Años de guerra*, Barcelona:- Galaxia Gutemberg, 2009.
- _____; *Vida y destino*, Barcelona: Galaxia Gutemberg, 2007.
- _____; *Por una causa justa*, Barcelona: Galaxia Gutemberg, 2011.
- Lefebvre, Michel; *Robert Capa. Las huellas de una leyenda*, Barcelona: Lunwerg, 2012.
- Marinovich, Greg y João Silva; *El club del Bang Bang. Instantáneas de una guerra encubierta*, Barcelona: Grijalbo, 2002.
- Pérez Reverte, Arturo; *Territorio Comanche*, Buenos Aires: Debolsillo, 2009.
- Pyle, Ernie; *Brave Men. La campaña de Italia (1943-1944)*, Barcelona: Tempus, 2009.
- _____; *Brave Men. La batalla de Normandía (1944)*, Barcelona: Tempus, 2010.
- Sacco, Joe; *Notas al pie de Gaza*, Barcelona: Mondadori, 2010.
- _____; *Gorazde. Zona protegida*, Barcelona: Planeta, 2011.
- _____; *Bosnia. El final de la guerra*, Barcelona: Planeta, 2007.
- _____; *Palestina, en la Franja de Gaza*, Barcelona: Planeta, 2002.
- _____; *Reportajes*, Barcelona: Mondadori, 2012.

Índice

¡No disparen!, de Hugo Montero,
fue impreso y terminado en septiembre de 2013,
en Encuadernaciones Maguntis,
Iztapalapa, México, D. F. Teléfono: 5640 9062.

∼

Realización editorial: Julio Acosta
(*julioacostaeditor@hotmail.com.ar*)
Corrección: Pablo Valle

www.ingramcontent.com/pod-product-compliance
Lightning Source LLC
Chambersburg PA
CBHW060515290526
45791CB00001B/394